L'ART DE LA DÉLICATESSE

ISBN : 978-2-0813-9273-1

Dominique Loreau

L'ART DE LA DÉLICATESSE

LAISSEZ LA BEAUTÉ SE POSER SUR VOTRE VIE

Flammarion

Sommaire

Prologue

Le luxe, terme commun par excellence, invite immédiatement à cette question : comment le définir ?
Argent, abondance, apparat, magnificence, confort, débauche, dépense, éclat, étalage, excès, faste, fortune, gaspillage, opulence, plaisance, profusion, raffinement, richesse, splendeur, superflu, ostentation, prestige ?
Ou bien…
Temps, oisiveté, liberté, indépendance financière et émotionnelle, autonomie, détachement, joie de vivre, passions, raffinement, légèreté, simplicité, délicatesse ?
Le luxe, c'est un peu tout cela car la notion de luxe, comme celle de la simplicité, varie selon les individus, les cultures, les époques, les âges, les niveaux sociaux et aussi les degrés de conscience. Luxe et simplicité ont, de tous temps, eu la réputation d'être incompatibles. Mais est-ce vraiment avéré ? Non,

bien au contraire : plus un mode de vie est simple, plus il est luxueux. Encore faut-il, pour en convenir, définir ce que l'on entend par « luxe ». Marques, produits de luxe, qualité, artisanat… ces termes résonnent chez la plupart des personnes comme les attributs immédiats du luxe en termes de biens de consommation. Mais est-il possible de vivre « luxueusement » sans un compte en banque bien rempli ? Oui, fort heureusement, et c'est bien de ce luxe dont il va s'agir dans les pages qui suivent. Je suis convaincue que, comme bien d'autres choses dans la vie, ce n'est qu'affaire de sens des valeurs, de bon goût, d'attitude, d'une certaine façon de consommer et de concevoir la vie.

Chacun, quel qu'il soit, est dans le fond semblable à ses pairs : il a besoin de sécurité, de petits plaisirs et de donner un sens à sa vie. Au-delà d'une définition moralisatrice, culpabilisante ou tabou, on pourrait être tenté de dire que le luxe se résume à ceci : bonheur, bien-être et « juste » être. Autrement dit, ce serait surtout une question de choix et d'attitude et un état d'esprit à cultiver. Le luxe, ce serait finalement l'art de mener sa vie avec richesse et plénitude, élégance et simplicité. Ce luxe-là n'est pas un rêve inaccessible. Il s'apprend, s'éduque, s'acquiert.

1

LE LUXE, UN ÉTAT D'ESPRIT PLUTÔT QU'UNE AFFAIRE DE MOYENS

Lorsqu'on évoque le luxe, on pense d'abord à la consommation, à une belle voiture, à un hôtel quatre étoiles ou à une croisière sur les côtes de l'Antarctique. Mais le luxe signifie tellement plus ! Soyons justes : l'argent est nécessaire. Sans lui, nulle liberté ne serait possible. De plus, il faut un minimum pour payer ne serait-ce que le droit de vivre (impôts, assurances, électricité, eau, nourriture, vêtements...) ! Mais peu suffit s'il est bien utilisé. Luxe et bonheur n'ont rien à voir avec un compte en banque archi rempli. Il est possible de mener une vie luxueuse sans grands moyens tout comme il s'avère évident que de nombreux riches mènent des vies d'esclaves. Bien vivre est, en effet, plus qu'une question de moyens : c'est savoir entretenir un rapport sain à l'argent et l'employer à bon escient. C'est une affaire de goût, de bon sens et d'intelligence. Il est parfaitement possible de mener une existence élégante et raffinée même sans être très argenté.

Avant que l'argent n'existe...

Avant que l'argent n'existe, on échangeait un service contre un autre, un poisson contre une botte de légumes. C'est plus tard, afin d'éviter les mésententes, que l'idée de créer ce que l'on appelle l'argent fut inventée. La valeur des choses, c'est donc ce que l'on est prêt à échanger contre de l'argent. Mais l'argent, lui, est une convention que l'on s'est fixée personnellement avec tout. Ce qui a de la valeur pour les uns n'en a pas forcément pour les autres. Nous sommes seuls à pouvoir affirmer ce qui a de la valeur ou non à nos yeux.

Quoi qu'il en soit, une chose est sûre : l'argent ne devrait servir, en principe, que pour « huiler les mécanismes du quotidien ». Toinette Lipp, célèbre auteur d'un ouvrage sur le thème de la simplicité, disait qu'elle ne comptait jamais ce qu'elle dépensait mais, en contrepartie, qu'elle n'achetait que ce dont elle avait besoin et jamais plus que ce qu'elle pouvait consommer. Le luxe, c'est donc ne pas être esclave de l'argent, ne pas avoir de dettes mais avoir de quoi s'assurer une vieillesse raisonnablement confortable, rester à l'abri du besoin (le bonheur est impossible sans sécurité) et avoir de quoi se faire des petits plaisirs, de temps en temps, sans trop compter.

KK ou le luxe sans argent

KK est une amie rencontrée dans un café à Kyoto. Elle me fascine : elle déménage tous les six mois dans de vieux appartements en tatami loués au mois, ne voulant pas s'attacher à un lieu ; elle pratique deux métiers à mi-temps simultanément pour ne pas se lasser, dit ne tenir qu'à deux objets, sa poêle et sa casserole (pour ne pas s'embarrasser d'appareils électriques, précise-t-elle). Il n'y a chez elle qu'une table basse et un futon. Elle accroche directement ses vêtements au rebord de son placard à literie sans porte. Elle ne s'intéresse pas aux possessions matérielles mais fait d'interminables promenades, seule, dans ce Kyoto qu'elle adore et dont elle connaît tous les recoins, s'arrêtant de temps en temps pour manger son *o bento* fait maison ou sirotant le thé de son Thermos. Ses gestes sont très élégants, le ton de sa voix posé, elle lit Shakespeare et Tanizaki et se parfume avec un peu de poudre d'encens de kiara sur la nuque. Elle possède deux kimonos anciens qu'elle a achetés à crédit et qu'elle revendra sans doute pour aller, un jour, à Paris. Sa vie est libre.

Vivre avec soin : un plaisir peu coûteux et gratifiant

Vivre avec soin est une des joies que les personnes occupées à gagner toujours et encore plus d'argent malheureusement méconnaissent. Etant donné que le luxe est lié à un sens des valeurs, il peut se définir, pour certains, par une certaine façon de vivre : la minutie. Etre fidèle à ses objets, à ses habitudes, fait partie des petits plaisirs gratuits et merveilleux qui nous rappellent à nous-mêmes. Vivre avec soin, cela peut être, par exemple, anticiper, crayon et papier en main, chaque occasion (tenue de soirée, contenu du sac de voyage pour un week-end, apéritif préparé pour des amis…) puis garder ces listes. Elles pourront être réutilisées, peaufinées, et s'avérer bien utiles la veille d'un départ décidé en catastrophe.

L'art de savoir profiter de peu avec style

> « Le luxe, pour moi, n'est pas l'acquisition de
> choses chères ; c'est vivre d'une façon où
> vous êtes capable d'apprécier les choses. »
> OSCAR DE LA RENTA

Vivre de façon luxueuse ne dépend pas forcément de l'argent. Ce qu'il faut, c'est surtout savoir dépenser de manière intelligente et peu désirer ; mais pour cela, il faut du bon sens, un grain de folie et surtout des connaissances comme, par exemple, une carte qui accumule les miles (pourquoi payer en liquide et perdre ainsi des voyages gratuits ?) permettant de s'offrir un voyage « gratuit » à l'autre bout du monde à peu près tous les deux ou trois ans. Une de mes amies n'est pas très argentée (une artiste !) mais elle mène une vie de luxe : elle s'offre quelques semaines en Sicile chaque printemps. Certes, la petite maison qu'elle loue là-bas ne possède que le confort le plus rudimentaire, la cuisine est à l'extérieur et il n'y a pas de rideaux à l'unique fenêtre de sa chambre mais elle se réveille avec le spectacle de la mer sous les yeux et achète ses olives à ses voisins. Lorsqu'elle est à Paris, elle n'hésite pas à faire un petit aller-retour dans la journée jusqu'à Londres pour visiter une exposition : une alerte l'avertit, sur son ordinateur, de toutes les bonnes affaires en promo, y compris des billets incroyablement peu chers sur l'Eurostar.

Accroître la valeur de certaines choses sans dépenser le moindre centime

> « Aujourd'hui les gens connaissent le prix
> de tout et la valeur de rien. »
> OSCAR WILDE, *APHORISMES*

On dit que c'est Sen no Rykyu, le grand maître de thé japonais, qui fut le premier à créer la valeur des choses en transformant, par exemple, un simple panier à poisson d'osier en vase pour la chambre du thé. Avant lui n'étaient utilisés que des objets précieux, provenant de lointaines contrées, rares et chers. Mais c'est lui qui a su enseigner au peuple japonais que la valeur des choses n'est pas une affaire d'argent mais d'attitude et d'appréciation. L'exposition sur le luxe tenue au Victoria and Albert Museum de Londres présentait, pour illustrer cette théorie, un service à thé ni cher ni particulièrement décoratif mais original car composé de trois tasses de formes différentes, destinées à mettre en valeur chacun des arômes de thés particuliers. Pour les connaisseurs, ce set est irremplaçable et il prouve que le luxe peut avoir une valeur autre que marchande : celle de prendre, tout simplement, du plaisir à cultiver certaines passions comme celle du thé, et d'utiliser les objets avec originalité et créativité.

Le zen : accorder du respect aux choses

La cérémonie du thé requiert, généralement, des objets de grand prix. Ce ne sont pourtant pas ces objets qui font la beauté de la cérémonie ; c'est le respect porté à chacun. Une cérémonie peut être parfaitement menée avec l'objet le plus humble. C'est ce qu'a prouvé un maître du thé en demandant à ses invités de deviner la provenance du bol apparemment très ancien dans lequel il venait de leur servir le thé. Nul n'a pu répondre mais quel ne fut pas l'étonnement général lorsque le maître dévoila que ce bol provenait… d'une brocante parisienne ! Ce vieux bol, dit-il, n'avait coûté que 1 euro. Le pot contenant l'eau, quant à lui, provenait d'une autre brocante, en Italie. Autre preuve qu'il suffit, comme nous l'enseigne le zen, d'utiliser un objet avec respect et amour pour lui donner de la valeur.

De beaux gestes peuvent modifier la valeur d'un instant

Lorsque l'on veut accompagner son thé d'une pâtisserie, pourquoi ne pas le faire comme s'il s'agissait d'une petite cérémonie de thé privée à domicile ? Après avoir dégusté votre pâtisserie, utilisez, à la place de votre tasse à thé habituelle, un bol dans lequel vous aurez fouetté un peu de poudre de thé vert dans de l'eau tiède et tenez-le, pour boire, à deux mains comme lors d'une vraie cérémonie. A lui seul, ce geste vous fera vous replonger dans l'ambiance extrêmement relaxante de cette pratique zen et créera une belle rupture d'avec l'agitation du quotidien. Il suffit parfois de bien peu pour transformer les gestes du quotidien en quelque chose de beau et solennel.

L'amour pour les choses portant l'empreinte du temps

> « L'amour d'Ozu pour les objets était aussi important à ses yeux que les personnages ou les dialogues : c'était tout simplement l'amour de la vie. »
> WIM WENDERS, *OZU*

« Certaines valeurs sont invisibles pour les yeux. Seul le cœur les connaît », disait le Petit Prince. Le bol à soupe de mon grand-père, tout ébréché et jauni, est l'une des vaisselles préférées de ma mère. Il lui est beaucoup plus précieux que ses beaux verres en cristal de Daum. Certaines choses ne s'achètent pas avec l'argent : la patine par exemple. Qu'il s'agisse d'une théière en terre rouge ressemblant, à force de milliers d'infusions, au cuivre, d'une pierre moussue sur le devant de sa porte ou d'un bol en laque rouge aux reflets profonds et riches, certains objets ne font qu'embellir avec le temps. Une céramique n'est appréciée que lorsqu'elle commence à se craqueler et changer de couleur. Même le plus luxueux des sacs à main ne devient beau qu'après avoir été porté plusieurs années. De tels objets acquièrent de la dignité, de la grâce, de l'élégance au fil du temps. Ils nous enseignent la valeur du passé et la beauté déposée par le temps sur les choses.

Le juste milieu, un luxe réservé à ceux dotés de bon sens et d'intelligence

> « Un moine demanda un jour à un vieillard : "Quelle est la voie ?" "Notre bon sens, voilà l'unique Voie, répondit ce dernier" ».
> ADAGE ZEN

Seuls ceux qui connaissent l'art de mettre en pratique la sagesse du juste milieu, peuvent parvenir à un équilibre tel que même le luxe devient superflu. Le juste milieu est en effet l'une des multiples facettes du luxe : parvenir à mener une vie calme, sans hauts ni bas qui apporte un bien-être comparable à nul autre et apprécié seulement par ceux qui en connaissent la valeur. Un exemple : bien dormir. Dans nos grandes villes agitées, bruyantes et aux multiples obligations sociales, trouver l'isolement et la tranquillité relève presque de l'héroïsme. Refuser une soirée pour se coucher tôt, trouver un appartement où ne parvient pas le bruit des voitures, est devenu, que ce soit à Paris, à Tokyo ou à New-York, un luxe. Dormir d'un sommeil profond, serein, qu'aucun mauvais rêve ne vient troubler, dans le calme d'une chambre aux fenêtres ouvertes, et se réveiller avec une forme éclatante est un luxe dont même bien des personnes fortunées ne peuvent jouir. Il faut en effet beaucoup de bon sens et de détermination pour trouver un appartement au calme et encore plus de volonté pour ne pas tomber dans les pièges de la vie sociale et ses obligations mondaines de vie nocturne

L'art d'être prévoyant

Sei Shonagon, célèbre écrivaine japonaise, notait qu'elle avait toujours une pince à épiler dans son sac car une seule petite épine dans le pied peut gâcher une journée.
Couper les légumes et les mettre dans des sacs à fermeture de congélation, dès que l'on rentre de courses, se mettre en pyjama avant d'avoir trop sommeil pour faire sa toilette et s'occuper de ses vêtements – les plier, les mettre au panier, dans un sac pour le pressing...-, préparer sa table ou son plateau pour le petit déjeuner (ma sœur sort chaque soir la quantité de beurre qui lui est nécessaire à tartiner afin que celui-ci ne soit ni trop dur ni trop mou le lendemain matin),... tout prévoir ainsi est un des petits luxes personnels de la vie. Les secrets du bonheur sont souvent là où on ne les voit pas : à notre portée. On peut vivre sans argent mais richement. Anticiper est le secret d'éviter les angoisses, la précipitation ou les bêtises dues à l'affolement du

dernier moment. C'est un petit luxe du quotidien que ceux, toujours pressés et préoccupés par la course effrénée au succès et à la richesse ne peuvent se permettre.

Vivre simplement : le luxe des plus riches

> « Que ta table soit saine, que le luxe en soit banni. »
> PYTHAGORE

Pouvoir aller au marché acheter des légumes sains, se préparer un repas simple avec une salade du jardin, se contenter d'un peu de sel et de citron pour assaisonner ses viandes et son poisson et le soir n'avoir pour dîner qu'un grand bol de soupe chaude avant d'aller se coucher sont des façons simples mais finalement luxueuses de vivre. Les plus grands rêvent de cette simplicité : ils sont gavés de repas dans les meilleurs restaurants, de vins les plus prestigieux mais ils ne sont pas plus heureux que les autres. La femme d'un président de la République française avouait que son repas préféré était du saucisson accompagné d'un verre de vin rouge. Comme un grand nombre de personnes de son rang social, elle n'aspirait qu'à une chose : la décontraction, l'absence de conventions et d'obligations sociales. Mais pour elle, ce n'était qu'un rêve.

Le bon sens, une valeur du passé qui disparaît

> « L'homme cultivé, ou bien élevé, n'est pas nécessairement celui qui est instruit, mais celui qui aime et déteste les choses qu'il faut aimer et détester. Savoir ce qu'il faut aimer et ce qu'il faut haïr, c'est avoir du goût. »
> HERMAN HESSE

Le juste milieu entre vie confortable et dureté des temps anciens est menacé. Nous vivons dans un monde empli de gadgets et de facilités qui font de nous des êtres inactifs et non pensants. A prendre systématiquement l'ascenseur ou la voiture, nous perdons l'usage de nos muscles. A ne plus écrire à la main, on ne sait plus former de belles lettres, à faire du calcul mental ou avoir tous nos numéros de téléphones pré-enregistrés, notre mémoire perd une partie de ses facultés. A suivre des modes d'emploi pour tout, y compris composer ses repas et même cuisiner engourdit notre créativité et notre cerveau qui ne cherche plus à penser, à faire des efforts. La démence sénile est une des maladies les plus courantes au Japon, paradis du confort et de la facilité matérielle. Et ce sont les hommes, en particulier, qui en sont atteints. Serait-ce parce qu'ils ont toujours confié les prises de responsabilité de leur ménage et de leur famille à leurs épouses ? Le bon sens, en matière de santé, est presque devenu un luxe de nos jours. Des milliers de cures et de médicaments sont conseillés mais le bon sens, lui, est de plus en plus rarement appliqué.

Plaisirs mondains et plaisirs simples

Une 2 CV décapotable apporte certainement autant de plaisirs qu'une grosse cylindrée : rabattre la capotte, enrouler un turban sur ses cheveux et mettre des lunettes de soleil pour se protéger du vent et de l'air frais avant de partir faire une virée, un matin d'automne, en écoutant quelques vieux airs des Beatles puis déjeuner dans le restaurant du hall d'un vieil hôtel rétro ou dans une petite auberge de campagne, constitue un plaisir aussi grand que celui d'avoir à s'habiller avec des vêtements chics, se maquiller et se préparer pour un dîner réservé dans un restaurant trois étoiles et devoir rester coincé des heures sur une chaise à supporter des conversations aussi mondaines qu'ennuyeuses.

Le juste milieu : équilibre entre l'excès et l'abstinence

Luxe, frugalité ou raffinement ? Le vrai luxe se cache au cœur d'un équilibre délicat entre une vie simple et frugale, et une vie aussi gaie et légère que des bulles de champagne. Le juste milieu, c'est l'équilibre atteint entre satisfaire ses envies – être en vie – et ne pas céder aux excès. Les plaisirs vont et viennent, varient de jour en jour. Ils sont transitoires et flottants. Ils appellent à être sans cesse répétés. Mais si une personne est profondément heureuse, elle peut profiter des plaisirs frivoles de l'existence tout en n'en ressentant pas le *besoin.* Elle sait se passer de la présence des autres lorsqu'elle le souhaite, n'a pas besoin de possessions matérielles pour se sentir en paix et satisfaite. Elle connait le bonheur d'être simplement dans le présent, ne rien désirer du monde extérieur et être intimement connectée avec elle-même. Elle sait parvenir à un bien précieux : une vie originale, choisie par elle et pour elle.

Un couple de richissimes Kyotoïtes qui n'avait aucun intérêt pour le luxe

Une de mes amies agent immobilier, me raconte des histoires captivantes sur ses clients. Elle a rencontré récemment un couple propriétaire de plusieurs milliers de mètres carrés. Mais celui-ci, constata-t-elle lorsqu'elle se rendit chez lui, vit de façon très modeste dans une petite maison. Il loue ses biens un prix dérisoire, juste pour avoir de quoi couvrir les frais de ses impôts fonciers. La vie de ce couple est très tranquille : le matin, mari et femme partent faire leurs courses, rentrent déjeuner puis font une autre promenade l'après-midi. Les restaurants, les sorties, les voyages ne les attirent pas. Ils n'ont tout simplement aucun intérêt pour l'argent, estimant qu'une vie modeste et tranquille a beaucoup plus de valeur. Leur luxe à eux, c'est une vie simple et tranquille.

Et si la définition du luxe, c'était tout simplement être heureux ?

> « Lorsqu'ils s'étaient mariés, ils s'étaient encombrés de tout l'équipement nécessaire à un foyer bien organisé. Ils possédaient un vaisselier complet, un service à thé, des serviettes et des nappes assorties. Ils avaient des assiettes à dessert, des verres et des plats à gâteaux, à ne plus savoir qu'en faire… Elle allait pouvoir fréquenter les musées, songeait-elle, les galeries d'art, se documenter sur l'histoire de Londres : il existait toutes sortes de cours, de nos jours, des cours qu'elle aurait parfaitement pu suivre avant d'être privée

> de tout ce qu'elle possédait, sauf que c'était justement ces possessions, elle en avait l'intuition, qui l'en avaient jusqu'alors empêchée. »
> ALAN BENNETT, *LA MISE À NU DES ÉPOUX RANSOME*

Il y a quelques de temps, une amie vint me rendre visite à Kyoto. Elle voulait visiter le Chishakuin, temple renommé pour son jardin d'inspiration chinoise mais aussi pour une salle célèbre pour ses murs décorés des œuvres du merveilleux peintre Yohaku Hasegawa. Lorsque nous nous trouvâmes devant la porte donnant sur la pièce, on lisait ceci : « Ouvrez doucement et sans bruit, s'il vous plait ». Impressionnées, nous poussâmes avec timidité la grande et lourde porte mais oh, surprise, à part nous, il n'y avait personne. Mon amie s'exclama à mi-voix : « Quel luxe ! Dire que nous pouvons approcher de si près de tels trésors sans une horde de visiteurs comme dans les expositions habituelles ! ». Un peu plus tard, alors que nous dégustions des petits morceaux de peau de tofu grillé accompagnés d'un thé glacé à l'orge, seules dans la cafétéria du temple, elle répéta : « Quel luxe ! ».
Quelle que soit la langue employée, ce « *Quel luxe* !» signifie toujours la même chose : « *Quel bonheur* ! ». Alors, si le luxe, ce n'était pas tout simplement le bonheur ?

2

L'ART DE DÉPENSER INTELLIGEMMENT

Luxe et consommation

Pour un bon nombre d'entre nous, qui dit « luxe » pense immédiatement aux marques, aux produits de luxe et au bling-bling de la société de consommation. Si le luxe s'apparentait, autrefois, au rêve et à l'inaccessible, il est entré, à un plus ou moins grand degré, dans la vie de pratiquement tous les individus. Comment un tel changement s'est-il produit en à peine un demi-siècle ? Certes, notre pouvoir d'achat a énormément augmenté ces dernières décennies, et nos besoins vitaux ont atteint leur apogée ; mais la venue d'une nouvelle pratique dans nos habitudes de consommer est venu tout bouleverser : le marketing.

Qu'est-ce que le marketing ? C'est, pour faire court, une technique : celle d'inciter des individus à consommer avec, pour but, de faire du profit. C'est arriver à les convaincre de besoins qui n'en sont pas.

Selon quels critères faisons-nous nos choix (consciemment ou non) ? Pourquoi choisissons-nous un produit ou un service plutôt qu'un autre ? Un produit ayant été soumis au marketing devient de par ce fait, une marque. Mais cela suffit-il à en garantir la qualité ? Qu'est-ce qui nous permet de savoir quels sont les produits de meilleure qualité que les autres ? Si luxe et qualité sont indissociables, comment savoir ce qui est vraiment de qualité et ce qui est seulement du mensonge, du snobisme ou du lavage de cerveau ?

Le but du marketing ? Créer chez nous des envies

> « Chacun connaît le concept, en économie, de l'offre et de la demande mais il n'y a pratiquement plus d'offre… Nous ne nous voyons plus proposer ce dont nous avons besoin mais ce que nous sommes persuadés d'avoir besoin. La solution serait, tout simplement, d'exiger quelque chose de différent. »
> STEVE MCKEVITT, *EVERYTHING NOW*

Le secret des fabricants est de nous persuader non pas que nous avons ENVIE d'un nouvel ordinateur mais que nous en avons BESOIN. Ce sont là deux visées complètement différentes. Désir versus besoin est l'un des concepts les plus basiques de l'économie. Un besoin est quelque chose que nous avons (nourriture, sommeil, eau…). Un désir est quelque chose que nous voudrions avoir (un hamburger américain, un matelas luxueux, une bouteille d'eau minérale spécifique…). Nous aurons toujours besoin d'un toit et d'un repas. Cela fait partie de nos besoins. Et ces besoins sont fixes : on ne peut donc, par définition, en créer d'autres. Les désirs, en revanche, sont des choses à caractère émotionnel, éphémère et changeant. Ce n'est pas parce que nous voulons une certaine chose en particulier aujourd'hui que nous la désirerons demain. C'est précisément sur ce caractère changeant que comptent les professionnels de l'économie pour nous vendre un produit, un service ou même une idée. Un petit exemple : l'eau du robinet. Les fabricants de bouteilles ont tout, dans leur vocabulaire, pour nous suggérer que l'eau en bouteille est plus saine que celle du robinet. Si ces bouteilles d'eau n'avaient jamais existé, en aurions-nous eu envie ? De quoi aurons-nous besoin, envie, demain ?

Nous sommes-nous déjà posé la question de savoir ce qu'est une marque ?

> « Une marque est un ensemble d'attentes, de souvenirs, d'histoires et de relations qui, prises ensemble, comptent dans la décision d'un consommateur pour opter un choix dans un produit ou un service ».
> SETH GODIN, AUTEUR AMÉRICAIN, ENTREPRENEUR ET SPÉCIALISTE EN MARKETING

Lorsqu'on évoque le mot « luxe », on pense d'abord aux marques et aux produits de luxe. Mais comment définir une marque ? Comme l'explique Seth Godin, la définition d'une marque reste floue. La seule chose possible à affirmer objectivement est qu'elle se définie par rapport à d'autres produits ou services de consommation en proclamant sa supériorité. Ce dont nous sommes beaucoup moins conscients, c'est que le choix d'une marque, plutôt que celui d'une autre, n'est pas rationnel : une marque a pour but non pas de nous faire connaître le meilleur produit mais de nous connecter à lui par le biais de nos émotions. Chaque marque, en effet, a, un peu comme pour une personne, sa personnalité (l'une assure la sécurité d'un produit, l'autre se veut « cool » et branchée, une troisième a un côté un peu ringard mais rassurant...). Certaines sont synonymes d'innovation, d'autres de stabilité en ayant traversé le temps sans se faire oublier. La différence entre deux lessives de marques est à peu près inexistante. La seule différence qui soit vraiment est le regard que chaque consommateur porte sur elle ainsi que son prix. Les marques agissent principalement sur nous en jouant sur nos prédispositions, notre tempérament ou nos sentiments.

Les marques ne répondent pas à des choix rationnels

> « Les hommes sont devant les idées simples comme des chauves-souris devant la lumière, ils sont aveugles. »
> ARISTOTE

Lorsque nous commençons à nous engager émotionnellement, il n'y a aucune place – aucun besoin – pour le rationnel. Le génie du marketing est d'avoir fait en sorte que les marques n'ont même plus d'intérêt de répondre à des besoins ; elles se contentent de créer ces besoins puis de développer le produit leur correspondant. C'est le cas par exemple de certains types de yaourts liquides, par exemple. Leurs fabricants ne promettent pas des miracles. Ils nous demandent seulement si nous avons pris notre yaourt ce matin, impliquant – mais ne le disant pas – que celui-ci est bon pour notre santé. Résultat ? Nous achetons des millions de ces produits chaque jour, convaincus qu'ils sont bons pour nous. Les fabricants, eux, n'ont même pas besoin de nous persuader. Ils nous présentent des pubs très attrayantes avec seulement le nom du produit qu'ils veulent vendre. Si nous aimons cette pub, nous achèterons le produit. Et le plus grand paradoxe est que plus l'approche de ce produit est abstraite, plus il s'en vendra. Il suffit qu'un mannequin porte un parfum s'appelant Bleu ait les yeux bleus pour que nous voulions acheter ce parfum, même si nous ne l'avons jamais senti. Il s'agit bien d'un produit de luxe mais… plus de marketing que de rêve, de qualité et d'authenticité.

Luxe et marques ne sont plus l'apanage d'une classe privilégiée

Si la définition du luxe reste floue, c'est qu'elle porte à la fois sur des valeurs d'ordre matériel et subjectif mais aussi, parallèlement, d'ordre moral et éthique. Le luxe dans l'inconscient populaire, se réfère à quelque chose de rare et précieux que l'on ne peut se procurer facilement, n'importe où ou n'importe quand. Il faut attendre des semaines ou même des mois pour obtenir un sac Kelly de chez Hermès ou une robe de couturier portée par les actrices à la remise des Oscars. Or c'est cela qui en fait, précisément le prix et donc l'attrait. Ces produits de rêve deviennent, cependant, de plus en plus rares. Tout se démocratise. Les produits autrefois considérés comme de luxe et réservés à une élite aisée, même s'ils restent à un prix élevé, sont accessibles, de nos jours, à tous et en quelques clics sur Internet. Le fait qu'une adolescente porte un sac de marque coûtant plusieurs centaines d'euros ne choque plus personne : c'est la norme. La norme, de nos jours, c'est

le luxe. Ou, du moins, les marques. Le luxe, lui, le vrai, reste et restera toujours un domaine à part, mystérieux et unique appartenant au monde des désirs et non des besoins.
(À propos des jeunes et du luxe, justement, une enquête menée par le journal *CB News* en décembre 2001, sur leur rapport au luxe, a révélé quelque chose de très intéressant : ils auraient, alors qu'ils sont des « trenders » dans tous les autres domaines, une vision très traditionnelle et classique du luxe tout aussi conformiste… que celle de leurs aînés).

Les avatars de la notion de luxe

> « Le luxe commence là où finit le nécessaire.
> Mais le nécessaire des uns est le superflu
> des autres. »
> CHARLES DOLLFUSS, *DE LA NATURE HUMAINE*

Autrefois, le luxe était réservé à une élite. Qu'une personne de condition moyenne le pratique, son comportement était considéré comme honteux et condamnable. Il est intéressant de constater qu'au Japon, le mot luxe se dit « *zeitaku* », terme qui n'est pas, comme en Occident, associé à la notoriété, à la rareté ou à l'exclusivité. « *Zeitaku* » a gardé, jusqu'à récemment, une connotation avec ce qui est vulgaire et venant de l'étranger, les marques n'étant, pour les Japonais, que des estampilles. Le luxe au Japon était autrefois l'opposé du « zeitaku » : c'était le raffiné, le gracieux, l'élégant, le distingué, le noble mais surtout le discret. Le phénomène de globalisation a malheureusement presque complètement détruit, chez ce peuple extrêmement esthétisant, l'un de ses trésors les plus rares : le luxe d'autrefois. Même au pays du Soleil Levant, consommer à outrance ou avec éclat est devenu symbole du luxe et signe de distinction.

Nous sommes tous nés portant en nous la valeur de l'authenticité

En 2007, une recherche effectuée par les psychologues Bruce Hood et Paul Bloom montre que nous sommes tous nés avec cet instinct portant à rechercher la valeur de l'authenticité. Aucun enfant auquel on proposerait une copie conforme de son doudou ne l'accepterait. Pourquoi ? Parce qu'un nouveau doudou n'a pas la valeur sentimentale et l'histoire personnelle de l'original. C'est la même chose pour notre attirance envers certaines marques. Lorsque nous nous sommes émotionnellement connectés à une marque, celle-ci devient pour nous unique. Des millions de sacs en toile enduite sont fabriqués dans le monde mais seule celle portant les célèbres initiales LV semble à nos yeux authentique et mériter son prix. Ce n'est pourtant qu'un produit de consommation de masse, industriel à 100 %. En 2010, Louis Vuitton a été condamné à retirer une de ses campagnes publicitaires, en Grande-Bretagne, pour avoir laissé croire que certains de ses sacs étaient faits à la main, ce que le géant du luxe n'a pas pu prouver. Cette marque reste cependant fascinante : tout en restant l'un des plus prestigieux symboles du monde du luxe, elle est devenue un pur produit de consommation de masse.

Notre époque est arrivée à saturation de produits innovants

> « Beaucoup de gens peuvent se passer d'un tas de choses mais ils ne renonceront jamais à en acheter de nouvelles. »
> ALAN BENNETT, *LA MISE À NU DES ÉPOUX RANSOME*

Lorsque nous achetons un dentifrice, nous avons le choix entre des dizaines de marques. Pourtant, le dentifrice, c'est juste du dentifrice, du savon, juste du savon. Seules les couleurs, les parfums et les présentations varient d'une marque à l'autre. Mais avec une telle affluence de produits boostés par les techniques de commercialisation du marketing, le marché des biens de consommation arrive à saturation. Nous sommes plus que comblés en produits de consommation, machines et gadgets pour vivre confortablement. Les fabricants ne savent plus comment innover car les consommateurs n'ont vraiment plus besoin de rien. Que doivent-ils faire alors pour continuer à prospérer ? Nous vendre de l'abstrait, du virtuel, des valeurs impossibles à évaluer quantitativement telles que l'estime de soi ou l'importance d'un bon statut social pour être reconnu et apprécié. C'est ainsi que nous en sommes venus, aujourd'hui, à ne plus faire que des acquisitions d'ordre émotionnel. Et qu'en agissant ainsi, nous sommes devenus des proies encore plus faciles pour le marché de la consommation : influençables, faibles et manipulés, nous avons perdu toutes nos facultés à raisonner. Et si le luxe, c'était de tout simplement dire NON à tout cela ?

Le prix des objets de luxe justifie-t-il toujours leur qualité ?

On dit qu'il faut plusieurs années (cinq ans chez Rolex, par exemple) et des millions d'euros pour créer une nouvelle montre. S'il est vrai que la qualité n'est pas une exclusivité des marques de luxe, nombre de personnes considèrent de tels produits comme garantie de qualité. Il est vrai que, depuis toujours, les produits les mieux élaborés ont été réservés à une clientèle exigeante prête à payer un prix élevé en échange de la garantie de qualité. Il est aussi vrai que le marché du luxe s'est organisé en fonction de la demande et que, au fil du temps, il a généré des marques dont la vocation est de fabriquer des produits de qualité exceptionnelle, tant pour les matières utilisées que la fabrication. Mais les bons produits ne sont pas forcément les plus connus ou les plus chers. Les produits de marque ne sont pas l'assurance de produits d'une meilleure qualité que certains autres, peu connus car non plébiscités.

Une exposition qui a changé mon regard sur le Pyrex ®

> « Le luxe augmente les besoins, la modération le plaisir. »
> PROVERBE CHINOIS

C'est le grand artiste français Marcel Duchamp qui a dit que la beauté se trouve dans le regard de celui qui observe. Après avoir visité une exposition au Modern Design Museum de Londres sur les objets en Pyrex ®, mon regard sur cette matière, considérée généralement comme étant assez banale, a complètement changé. A les voir ainsi exposés, j'ai appris à regarder ces objets d'un autre œil et apprécier le miracle que représente, tout simplement, la transparence de la matière. Quoi de plus distrayant, si l'on y réfléchit bien, que de pouvoir regarder les lentilles danser dans leur eau lorsqu'elles cuisent dans une casserole en Pyrex ® sur le gaz ? Quel style se marie-t-il mieux que lui avec les autres ? Quoi de mieux, enfin, que des verres qui sont presque incassables, résistent au chaud comme au froid et s'empilent sans prendre de place ? Le Pyrex ® est bien la preuve qu'un produit peut être à la fois de qualité, beau et peu onéreux.

Les vieux, très vieux produits classiques

Que ferions-nous sans notre bonne vieille eau de Javel, notre bicarbonate de soude ou notre éponge Scotch Britt ® ? Ces produits datent de plusieurs dizaines de décennies, restent bon marché et irremplaçables malgré la pléthore de produits dérivés qui ont tenté de les détrôner. Un jour, alors que je demandais le secret de beauté à une dame de 92 ans dont la peau était resplendissante, elle me répondit : l'huile de cheval. Cette huile, en effet, est l'un des plus vieux produits de soins pour la peau au Japon, très bon marché et très pur. Mais peu de femmes l'utilisent maintenant : la marque ne fait pas de publicité. Nous avons tellement de chance de toujours avoir à notre disposition des produits merveilleux et peu chers ! Pourquoi en achetons-nous constamment de nouveaux alors que nous connaissons bien l'efficacité des bons vieux classiques ?

Les crèmes de luxe anti-âge

Si « *le produit miracle* » contre l'âge existait, ça se saurait. Pourquoi tant de femmes s'entêtent-elles à vouloir croire aux miracles en se ruinant pour des crèmes dites « anti-âge » alors que celles-ci ne contiennent rien de plus que de bonnes vieilles vitamines A, C et E ? Ce que nous savons (et se vérifie), en revanche, c'est que les seuls et vrais facteurs pour faire reculer l'âge sont d'éviter le soleil, la cigarette, l'alcool et la suralimentation, et de faire un peu d'exercice régulièrement. Seulement voilà ... utiliser une crème anti-âge est bien plus pratique et rassurant, et surtout plus facile, que de faire des efforts et de se priver un peu. Il est bien plus facile aussi de vouloir croire la publicité qui ne nous assure pourtant jamais de la réelle efficacité de ses produits (ces marques seraient juridiquement attaquées, faute de preuves, pour publicité mensongère). Non, les publicistes se contentent de nous dire que leurs crèmes vont nous « aider » à « combattre » les rides ou « traiter » les signes invisibles de l'âge. Et ils ne mentent pas. Les vrais menteurs, c'est nous : nous nous autorisons et nous nous auto-persuadons que ces crèmes sont efficaces alors que nous savons pertinemment que cela n'est ni vrai ni possible.

Le vieux trench

En Angleterre, porter un trench aux manches élimées est presque une marque de statut social : on achète de la qualité mais on ne gaspille pas. Le bon vieil imper est toujours accroché à l'entrée, prêt à être enfilé sur un pyjama pour aller chercher ses croissants ou sortir toutou. Les aristocrates ne se laissent pas abuser par la société de consommation. Peut-être, justement, parce qu'ils en tiennent les rennes et qui, afin de continuer à s'enrichir, ont tout intérêt à faire croire au reste du monde que l'on est heureux avec des vêtements « Kleenex ». Si leur moquette est usée, ils en mettent une neuve mais ils laissent l'ancienne dessous : un peu plus de moelleux et de confort ne fait jamais de mal. Ils n'ont pas honte de recouvrir leurs bons vieux fauteuils râpés d'un plaid. Les « faux riches », eux, ne s'entourent que de neuf. Quitte à vivre… à crédit !

Les cordonniers de Kyoto et leurs clients

On trouve, à Kyoto, quantité de cordonniers aux boutiques plus attrayantes les unes que les autres. Pourquoi ? Parce que, estiment les habitants de cette ville dont la mentalité est très conservatrice et respectueuse des objets, des chaussures portées et faites au pied, une fois qu'elles ont été ressemelées, recousues, reteintes, sont beaucoup plus confortable qu'une paire de neuves. Certains aristocrates Anglais, dit-on, font porter leurs chaussures neuves un certain temps, jusqu'à ce qu'elles se soient assouplies et patinées, par des personnes qu'ils payent pour cela.

Les restaurants de luxe au Japon

Le Japon, en matière de gastronomie, reste irréductible à la culture du luxe en Occident, quand bien même trois étoiles prétendraient l'annexer. Imagine-t-on qu'un triple étoilé puisse avoir si peu d'apparence qu'on passerait plusieurs fois devant son enseigne sans le voir devant l'immeuble miteux qui l'abrite en rez-de-chaussée ? Qu'il n'offre que six places au comptoir et que le chef travaille devant ses clients tout en papotant avec eux ? Les restaurants les plus luxueux ne sont pas les plus « repérables ».

Les meilleurs sont ceux dans lesquels on arrive, on s'installe et on ne dit rien : le chef connaît nos goûts et choisit pour nous. Il nous sert ce dont, il devine, nous avons envie précisément ce jour-là, sans que nous ayons à consulter le menu ou même ouvrir la bouche. Ce « *omakase* » (qui signifie « Je vous laisse choisir pour moi ») est encore vivant de nos jours au Japon. Quel luxe ! Je me demande si les robots qui assurent de plus en plus de services au Japon sauront eux aussi deviner si nous préférons aujourd'hui manger du sashimi de thon ou des huîtres en friture…

Le luxe laisse une empreinte indélébile sur ceux qui l'ont vécu

Ceux qui ont vécu dans l'abondance du luxe sont différents à vie, même s'ils viennent, un jour, à manquer d'argent. Souvenez-vous d'une des dernières scènes du film *Out of Africa* ? L'héroïne (Meryl Streep) boit du champagne dans une pièce vide, sur sa malle de voyage recouverte d'une nappe blanche en écoutant de la musique sur son phono. Elle est ruinée, a perdu l'amour de sa vie, mais elle gardera à jamais un « je ne sais quoi » de son passé : l'élégance, la classe, un certain abandon langoureux ? Le luxe, même perdu, laisse des traces indélébiles sur ceux qui l'ont « pratiqué ». Le pratiquer de temps en temps n'est donc jamais perdu.

Quelle est la part de snobisme ou de naïveté dans nos choix ?

> « L'étonnement, parfois, est dans les choses les plus simples. Enfin, est-ce que le nouveau luxe, ça ne serait pas la simplicité ? »
> ALAIN DUCASSE, CONTACT, L'ENCYCLOPÉDIE DE LA CRÉATION (ÉMISSION DE TV CANADIENNE)

La qualité ne devrait être recherchée que pour ce que nos sens, et nos sens uniquement, nous réclament. Si vous dormez sur un matelas de qualité, votre dos vous remerciera. Si votre sac, malgré sa marque et son prix, commence à s'abîmer aux coins, vos yeux vous diront que ce n'était pas de la qualité. Mais comment savoir, avant d'acheter, si ce que nous achetons est de qualité ou non ? Le luxe « honnête », c'est préférer un bon beurre cru et un cava frais à du mauvais foie gras ou du champagne petit prix. C'est acheter des vêtements de qualité que l'on portera des années. En somme, dépenser luxueusement, c'est dépenser intelligemment.

Inutile de faire des économies de bouts de chandelle mais être vigilant sur les grosses dépenses

Ne pas avoir à regarder les prix pour acheter des tomates est devenu un luxe de nos jours. Mais il faut, pour se permettre de tels petits luxes, faire preuve de bon sens en n'achetant, par exemple, que des légumes de saison. Un de mes petits luxes personnels est de refuser toute carte de fidélité. J'ai demandé à la vendeuse d'une supérette qui m'en proposait une combien je gagnerais sur 10 000 euros de dépenses : 0,5 % me répondit-elle ; soit 50 euros environ. Ridicule ! Les économistes expliquent que ces cartes ont pour but d'avoir un aperçu du mode de consommation de chaque client et d'ainsi mieux cibler leurs techniques marketing. Un autre des traits de génie du marketing n'est-il pas de nous faire parader en exhibant, gratuitement et pour leur propre profit, aux vues de tous, le nom de leurs marques imprimées sur nos sacs, nos sneakers, nos vêtements et même sur nos sacs d'emballage ?

Oui aux petites dépenses superflues si elles nous simplifient la vie

Certains s'acharnent à faire des économies de bout de chandelle ne leur apportant vraiment pas grand-chose, à part leur compliquer la vie. Or, se compliquer la vie, c'est tout ce qui est contraire au luxe. A quoi bon dépenser du temps et de l'essence à parcourir 10 kilomètres pour économiser quelques centimes sur un plein d'essence ? Pourquoi encombrer son placard de deux énormes paquets de lessive achetés parce qu'il y avait une « promo », alors qu'un seul nous suffisait ? Le luxe, c'est faire de petites dépenses utiles quoique non indispensables mais qui facilitent la vie. C'est par exemple se faire les ongles ou des masques de beauté « maison » au lieu d'aller dans un salon, se nourrir frugalement et modestement chez soi mais, de temps en temps, s'offrir un week-end dans une source thermale puis un repas dans un restaurant vraiment excellent sans en regretter l'addition.

Prendre le taxi et se faire livrer

Prendre le taxi ou se faire livre à domicile reste un luxe pour la majorité d'entre nous. Mais pourquoi, sauf dans les cas où l'on ne peut se déplacer autrement, avoir une voiture ? Celle-ci revient bien plus cher, toutes dépenses additionnées, que de prendre le taxi de temps en temps, lorsqu'on est fatigué ou que son sac est vraiment lourd. Prendre le taxi, lorsqu'on est deux et que le temps est compté, lors d'une escapade dans une ville étrangère où l'on ne restera que 24 heures, est une façon de valoriser à la fois son temps et son plaisir. Quitte à parcourir le reste du pays en train ou en autobus, ce qui laisse du temps pour lire, rêver, profiter du paysage et faire des rencontres.

Rester fidèle à ses commerçants

Les personnes aisées financièrement, peut-être plus que les autres (à moins de ne pouvoir faire autrement) fréquentent régulièrement les mêmes commerçants. Elles savent qu'elles obtiendront alors des traitements de faveur et qu'elles pourront être plus exigeantes sur la qualité des services, qu'il s'agisse de politesse, d'amabilité ou de qualité des produits : leur boucher leur réserve les meilleures parts, leur compagnie aérienne les avertit de promotions spéciales, leur coiffeur leur offre un soin gratuit pour leur anniversaire ou leur restaurant la table près de la fenêtre. En échange des mêmes sommes dépensées, elles obtiennent donc plus que ceux qui changent souvent de commerçants ou de distributeurs de services.

Avoir un bon carnet d'adresses

Toujours avoir la bonne info sous la main est un bien très précieux, surtout en cas d'urgence. Connaître un chauffeur de taxi qui viendra vous chercher à l'aéroport, un coiffeur auquel vous n'avez même plus à expliquer la coupe que vous désirez ou un plombier qui viendra dès que vous avez besoin de lui sont des pépites de bien-être. Mais cela s'entretient : rester fidèle à ses commerçants, à son électricien ou sa couturière, leur présenter des clients pour les aider à faire prospérer leur entreprise… Comme autrefois, il s'agit de consommer avec fidélité, confiance et constance, des valeurs qui, malheureusement, finissent par ne plus être reconnues.

La valeur morale des choses

Connaissant mon projet pour ce livre, voici une anecdote que mon ami, commerçant de la rue du Faubourg-Saint-Honoré, à Paris, m'a rapportée. Un jour, un couple entre dans sa boutique. Le cœur de mon ami bat la chamade : c'est Pierce Brosnan (l'un des acteurs de James Bond), accompagné de sa femme. Ils regardent quelques sacs puis Pierce se met à caresser les cheveux de sa femme et lui embrasser le front : « *Ce ne sont pas là des prix pour un sac, ma chérie* ». Mon ami fut très impressionné et ému de voir qu'il existe des personnes qui, malgré leur célébrité, ont un certain sens des valeurs et, de plus, ne cherchent pas à s'en cacher.

3

ARTISANAT ET SUR MESURE, ANTIDOTES AU BLING-BLING

Luxe et artisanat sont-ils indissociables ?

> « On devrait avoir deux vies : l'une pour apprendre, l'autre pour vivre. »
> ALEXANDRE ROMANÈS, *UN PEUPLE DE PROMENEURS*

Vase exposé dans la vitrine. Prix affiché : trois millions de yen (environ 28 000 euros). Qu'est-ce donc qui justifie un tel prix ? On m'explique : le créateur est un vieux potier ayant reçu le titre le plus prestigieux au Japon, « Trésor national vivant ». Oui, ce vase est magnifique. Magnifique de sobriété, de raffinement. Mais pas seulement : il représente le travail de toute une vie. Pour arriver à la perfection de cette simplicité, c'est toute une vie de travail qu'il a fallu payer. C'est là qu'entre luxe, marques et artisanat, il est parfois difficile de faire la part entre valeur marchande, qualité et éthique. Car le luxe, le grand, est presque toujours artisanal, même s'il ne porte aucune marque ou aucun logo sur ses produits.

Luxe et artisanat

> « Le luxe est humain jusqu'au bout des ongles. Mais qui est donc l'ennemi du luxe ? Le mensonge, la trahison. »
> CHRISTIAN BLANCKAERT, *LES 100 MOTS DU LUXE*

Lorsqu'on pense au luxe, on pense immédiatement à des marques telles que Hermès qui emploie des personnes au savoir-faire exceptionnel. Le sac, le carnet ou le portefeuille d'une telle marque sont à la fois des produits de luxe et des produits d'artisanat. Mais il s'agit là du luxe d'exception. Depuis quelques décennies, se sont créées des marques à l'image luxueuse mais leurs produits sont en réalité industriels. Ce luxe est pour ceux qui veulent s'offrir des choses de valeur et tiennent à le faire savoir. Marques ou pas marques, le vrai luxe n'est donc pas toujours là où l'on pense le trouver (comme la publicité nous le dit). Il existe encore des produits d'une qualité extrême sans appartenir à la catégorie « produits de marque ». Ces produits sont ceux d'artisans restant dans l'ombre et dont la satisfaction n'est pas le profit mais la perfection du travail accompli et le plaisir de combler leurs clients comme leurs précurseurs l'ont fait par le passé. Si ce n'est pas auprès d'eux que nous nous fournissons, que deviendront-ils ? Qui créera des objets artisanaux de qualité avec les techniques du passé ?

La laque, symbole d'une des formes d'artisanat les plus pures et les plus nobles

La laque est un des exemples les plus intéressants lorsque l'on parle du luxe. Cette matière est travaillée en Asie depuis plus de mille ans et les produits qui en dérivent peuvent atteindre des prix exorbitants. Seul un initié peut faire la distinction entre différentes qualités. Si certaines, aujourd'hui fabriquées industriellement, ne sont en réalité que de la poudre de laque compressée et mélangée à des matières synthétiques, d'autres, en revanche, sont d'une qualité très pure, exceptionnelle (certaines espèces d'arbres à laque ne poussant qu'au Japon rendent à peine 1 kilo par an). Un bol fabriqué dans une telle laque vaut pourtant souvent moins cher qu'une assiette de porcelaine signée par une grande enseigne du luxe et fabriquée industriellement. Un bol en laque est le symbole de la simplicité luxueuse. Il est beau, ne se casse pas, se patine à l'usage, ne brûle pas les lèvres ni les mains ; la nourriture y refroidit moins vite (l'aliment ne perd pas plusieurs degrés de chaleur comme il le fait au contact d'une

céramique ou d'un grès). Il embellit tout aliment qu'il contient.
La laque est vraiment un produit de luxe et de qualité qui faisait partie du quotidien autrefois. Pourquoi tant de Japonais l'ont-ils délaissée ? Les enfants sont nourris aujourd'hui dans du plastique ou des matériaux industriels. Comment comprendront-ils, plus tard, la valeur de leur culture ? Sauront-ils apprécier et désirer les belles choses ? On les a déshabitués, dès leur plus jeune âge, de la qualité et de la beauté.

Le sur mesure en Occident : un luxe pour se sentir unique

Autant, dans certains pays, le sur mesure fait partie du quotidien (qui ne s'est pas fait faire une chemise ou un tailleur lors d'un voyage touristique en Inde), autant, dans d'autres, alors qu'il était couramment pratiqué il y a 50 ans, il est devenu un luxe réservé aux plus fortunés. N'importe qui ne se fait pas faire une paire de bottes sur mesure par un bottier parisien. Certaines élégantes se font même créer leur propre parfum pour être uniques. Elles et leur parfumeur passent des semaines à parcourir les rues, les jardins et, à chaque senteur qu'elles rencontrent, elles décrivent ce qu'elles ressentent afin de « trouver » le cocktail d'essences qui donneront le parfum qui leur correspond le mieux. Mais un tel parfum leur coûtera parfois plus d'un millier d'euros. On raconte qu'autrefois, au Japon, les femmes créaient leur propre parfum en mélangeant plusieurs encens. Ainsi, si le mari était allé voir une autre femme, elles pouvaient immédiatement le déceler grâce à l'odeur qui flottait sur ses vêtements. Il est beaucoup moins difficile de « créer » soi-même son parfum personnel. Voici la « recette » : mélanger sur soi deux ou trois de ses parfums préférés ; en vaporiser un légèrement au-dessus de soi, sur ses vêtements, ses cheveux, se mettre quelques gouttes de son deuxième parfum préféré derrière les oreilles, les genoux, sur les poignets, dans le creux des clavicules… et parfumer l'eau de son bain d'un troisième. Ces différentes essences, étant aimées de la même personne, ne peuvent que forcément se marier.

L'artisanat sur mesure : le plaisir et le luxe des rapports humains

Si certains objets sont choisis pour leur marque parce que celle-ci leur assure un gage de fiabilité (on peut toujours renvoyer une cocotte-minute de marque allemande à la fabrique si celle-ci a un défaut, ce qui est extrêmement rare). Les objets fabriqués par des artisans avec lesquels nous avons un contact direct, assure, quant à eux, non seulement d'obtenir de la qualité mais ils permettent d'avoir un échange avec celui qui les ont créés. Le Japon est pour cela, et en particulier Kyoto, un paradis terrestre. Maroquinerie, peignes, stores en bambou (que l'on se fait fabriquer et qui sont aussi fins et aériens que des ailes de cigale), futons… tout, ou presque, peut être fait sur mesure dans cette ville et ce, pour le même prix que les mêmes articles, faits par les mêmes artisans, exposés en magasin. Mais si l'on veut que l'objet soit créé pour soi, avec un détail ou une taille légèrement différents, il faut être un peu patient. Le sur-mesure, en effet, c'est aussi l'art d'attendre, de désirer, d'anticiper. Ce n'est pas le « tout et tout de suite » dont on se lasse très vite. Et le visage radieux de ces artisans, lorsqu'ils vous remettent en main propre votre commande et que vous admirez leur travail, vaut bien le temps d'attendre quelques semaines ou quelques mois !

L'élégance du sur-mesure

Serait-il injuste d'affirmer que la plupart des personnes que l'on voit défiler dans la rue sont moins élégantes, malgré l'argent et l'énergie qu'elles dépensent, qu'elles ne l'étaient avant les années 1960, époque où le prêt-à-porter fit son apparition ? Un vêtement de prêt-à-porter est un vêtement fabriqué identiquement pour tout le monde, quelle que soit sa morphologie. Est-ce cohérent ? Comment se sentir véritablement à l'aise dans un chemisier dont les manches ne sont pas à la longueur idéale, le cou trop large, la poitrine trop serrée ? Les hommes ont la chance de pouvoir encore se faire faire des costumes et des chemises sur mesure. Les femmes, elles, doivent passer des heures dans les cabines d'essayage à trouver ce qui leur va le… moins mal. Autrefois, costumes, robes, chapeaux, chaussures, sacs… étaient fait sur mesure. On pouvait faire reprendre ou élargir une jupe selon les kilos pris ou perdus. L'industrie du vêtement n'existait pas encore et il n'était pas extraordinaire d'aller se faire faire une robe rue du Faubourg-Saint-Honoré. De nos jours, même si le choix dans les magasins est plus qu'immense, pourquoi cherche-t-on à s'habiller pareil que tout le monde ? Et, de plus, mal ? Nous sommes passés à l'ère de la consommation de masse, du prêt-à-porter et de la génération « Kleenex ». Un vêtement qui nous va et que nous aimons se porte jusqu'à usure complète. Ne serait-il donc pas plus simple de se le faire faire ?

Un des petits secrets du sur-mesure chez certains Parisiens…

Les « initiés » du sur-mesure, hommes comme femmes, vont chiner des chutes de tissus provenant des ateliers de grands designers tels que Yves Saint-Laurent, Gucci ou Armani au marché Saint-Pierre. Ils se font alors confectionner par un tailleur le vêtement de leur goût et de leur taille. Ils obtiennent alors à la fois un vêtement parfaitement ajusté, dont la qualité s'approche de celle de la haute-couture, et ce, pour un prix à peine plus élevé que ce des vêtements du prêt-à-porter. La qualité dans l'habillement n'est donc pas inaccessible, si l'on veut bien prendre le temps de la rechercher. De plus en plus de femmes s'adonnent d'ailleurs à une occupation qui revient à la mode : coudre leurs propres vêtements. Quelle belle et noble occupation !

Le cigare sur-mesure : un moyen de moins gaspiller pour ce prince Qatari

Un de mes amis, ayant travaillé dans une des boutiques de luxe de la rue du Faubourg-Saint-Honoré, me parle avec nostalgie de certaines de ses expériences. Un jour, me raconte-t-il, un prince Qatari arrive avec un cigare très atypique à la main. Mon ami, fumeur lui-même, se permet de lui demander la raison de la longueur de ce cigare mesurant à peine cinq centimètres. « Je les fais fabriquer spécialement pour moi à Cuba, avec une combustion de quinze minutes, afin de pouvoir les fumer entre deux boutiques dans le quartier des palaces parisiens lorsque je fais du shopping avec ma femme… », lui répond-il. Quelques heures plus tard, ce prince avait fait l'aller-retour au Mandarin Oriental où il séjournait, pour offrir quelques-uns de ses cigares à mon ami qui s'y était intéressé, ce qu'il avait apprécié. L'histoire de ce cigare sort un peu du luxe habituel mais elle prouve que nous pourrions au quotidien, si tout était fait sur mesure, tout simplement gaspiller moins.

4

L'IMPORTANCE DE LA QUALITÉ

Qu'apporte la qualité ?

Question banale ? Pourquoi donc, alors, autant de personnes vivent-elles dans la précipitation et la surabondance de biens matériels inutiles ou moyennement satisfaisants ? Le rôle de la qualité, dans tous les domaines, est de répondre à des besoins émotionnels, physiques et esthétiques. Elle aide à vivre plus heureux, plus serein et avec plus de confiance en la vie et en soi. Ce n'est pas une question de moyens mais de choix. Les anciens disaient qu'ils n'avaient pas les moyens de ne pas acheter de qualité : ce dont ils faisaient l'acquisition devait durer.

La qualité apporte confiance en soi

Un homme ayant peu confiance en lui et se sentant complexé par son physique changera complètement s'il s'offre un costume Yves Saint-Laurent. Même si personne d'autre que lui ne connaît le prix de ce costume, il acquerra une confiance en lui presque... thérapeutique et sa physionomie s'en trouvera grandement améliorée. Il se sentira mieux intérieurement et ses relations à autrui deviendront plus aisées.

La qualité fait économiser de l'énergie

Stress, petits agacements... l'utilisation d'un objet n'est jamais complètement indifférente à nos sensations : soit il nous satisfait (tactilement, esthétiquement), soit il nous irrite (que très légèrement, certes, mais ce n'est pas un objet parfait). Il a donc toujours un impact sur nous, que nous le voulions ou non. D'où l'importance d'objets apportant de la satisfaction dans les plus petits gestes du quotidien : une paire de ciseaux qui coupent bien, un robinet à température autorégulée, une chaise au dossier agréable... Plus nous utilisons un objet, surtout d'emploi fréquent, plus il devrait être agréable d'emploi. L'ergonomie fut principalement développée dans l'industrie afin que les employés travaillent plus aisément et donc plus rentablement. De plus, lorsqu'on fait du bon travail, se dégage en soi un sentiment bénéfique encourageant à pousser encore plus loin ses efforts.

La qualité permet de réduire le nombre de ses envies

Si vous aimez passionnément quelque chose, que ce soit les bijoux, les sacs ou les guitares, et que cette passion soit sans fin, faites une folie : offrez-vous le meilleur. Faire une folie pour quelque chose qu'on adore peut devenir le meilleur achat de raison qu'on ait fait de sa vie. Revendez, s'il le faut, tout ce que vous possédez, cassez votre tirelire ou privez-vous de vacances quelques années, mais offrez-vous ce que vous adorez. Non seulement cet achat vous guérira de vos envies passées, mais il vous apportera du bonheur chaque instant de votre vie. Prudence cependant : n'achetez que quelque chose d'intemporel, classique et d'une grande simplicité. C'est la condition *sine qua non* pour ne pas vous lasser. Et puis… de telles folies apportent un autre plus : ayant atteint le meilleur dans un domaine, tout désir pour le reste, qu'il s'agisse de médiocrité ou de superflu disparait. Si posséder peu est un luxe, ne presque plus rien désirer en est autre, encore plus grand.

Une amie folle de flûte traversière…

C'est alors qu'elle travaillait comme infirmière dans le nord du Japon qu'elle s'est prise de passion pour la flûte. Elle a pris des cours, passé des concours et un beau jour, après avoir fait des économies pendant plusieurs années, a laissé tomber son travail. Elle s'est offert une flûte en or rose 14 carats massif et est venu à Paris étudier au Conservatoire. Son logis est modeste, mais cela ne la dérange pas. Elle vit pour sa flûte et celle-ci le lui rend bien : dès qu'il en sort quelques notes, le monde est transformé. Vivre pour une passion, est un luxe extrême.

La qualité fait faire, bout à bout, des économies

C'est ce que m'avez dit, un jour, un vendeur de chez Hermès alors que je m'étais laissée tenter par un porte-monnaie. En effet, j'ai utilisé ce dernier pendant des années…

La qualité dure des années

Curieusement, les intérieurs modestes de certaines personnes âgées ont beaucoup de charme. Pourquoi ? Autrefois, on ne pouvait se permettre de dépenser son argent n'importe comment, surtout si celui-ci était rare. Chaque achat devait durer pour la vie. Quand une femme se mariait, elle recevait un trousseau, choisissait avec son mari leur mobilier et ils le gardaient à vie. Celui-ci, parce qu'il était leur seul bien, était soigné, entretenu, choyé. Mais surtout, autrefois, du moins jusqu'à ce que le monde de l'industrie vienne révolutionner le monde matériel, tout était de qualité : des meubles en bois massif, des assiettes en porcelaine ou en faïence peintes à la main, de la literie en pure laine ou pur coton… Les intérieurs de nos grands-parents étaient donc remplis de « durable », de qualité. Et dieu sait que l'on se sent bien dans de tels logis si on a la chance d'en connaître encore !

Ce que nous consommons ou possédons reflète ce que nous sommes

Tout objet de designer reflète la personnalité et le sens des valeurs esthétiques et éthiques de celui qui l'a acquis. Celui qui possède un service en porcelaine blanche scandinave a probablement des valeurs différentes de celui qui aime les assiettes ornées de Sèvres. Le premier préfère probablement une vie simple et naturelle et le second ce qui a trait au cérémonial, au somptueux, à l'éclat. Le choix de nos objets, de nos meubles, de nos possessions en général est très important pour notre équilibre et notre bonheur : ce que nous possédons doit refléter exactement ce que nous sommes et représenter les valeurs que nous portons en nous.

Ce dont nous nous entourons doit nous rappeler à quoi nous voulons ressembler

Un fauteuil simple, sans détails superflus, tourné de façon habile et élégante par un bon artisan apporte non seulement du plaisir à travers son esthétique, mais agit comme une sorte de rappel des vertus de sobriété et de modération que nous voudrions nous-mêmes détenir. Un parquet en bois naturel qui va se patiner avec le temps renvoie à celui qui le foule, le voit, une sorte de leçon de « vérité » qu'il aspire à atteindre dans ses principes : vivre pour le beau, l'authentique, le vrai. N'est-ce pas, à une plus grande échelle, ce que nous ressentons lorsque nous pénétrons dans des lieux de culte à l'architecture merveilleuse ?

La qualité rend heureux

Il est des moments dans la vie où l'on est comme frappé par un coup de foudre : un jour, arpentant le rayon des kimonos dans le grand magasin Mitsukoshi de Tokyo, j'aperçus en exposition un magnifique manteau-kimono gris (ma couleur préférée). Généreux col châle, manches ultra amples, légèreté et souplesse de la matière... Immédiatement, je demandai à le passer. Je sus alors que je ne quitterais plus. Le prix n'avait même plus d'importance.

Ce manteau était fait pour moi (je sus alors qu'il était en alpaga et il faisait très froid cet hiver-là). Depuis, je le ressors chaque hiver avec toujours autant de plaisir et c'est le seul manteau que je possède. Mais seul le fait de l'endosser me transporte à chaque fois (tous les jours !) dans un autre monde. Un monde de légèreté, d'aisance, le monde de l'ancien Japon aussi peut-être... Il est également inusable et malgré le nombre d'années que je l'ai porté, il semble aussi neuf qu'au premier jour. Ses qualités sont exactement celles que je recherche dans la vie. Lorsque je marche dans la rue, enveloppée de mon manteau magique, j'ai l'impression que la vie me sourit, que tout est facile, joyeux. Et cela, bien plus qu'un simple manteau, n'a pas de prix.

Comment définir un bon design ?

Le design... ce mot issu de l'anglais est un des plus employés dans le monde actuel mais sait-on exactement ce qu'il signifie ? Un mug, par exemple : son anse est utile lorsque la tasse est chaude. On s'en empare alors naturellement : c'est une première façon d'apprécier son design. Ensuite, on pose la paume de notre main sur sa surface pour anticiper, à travers sa chaleur, le plaisir du café que nous allons siroter. C'est la deuxième façon pour notre corps de sentir quelque chose de plaisant. S'il fait froid, nos mains peuvent la serrer pour se réchauffer. Il leur arrive aussi d'en apprécier la texture, la forme. Nos yeux, eux, admirent sa couleur, ses motifs. Un mug prouve que de son design dépend la façon d'apprécier de boire son café. Celui-ci n'aurait pas du tout le même goût dans un contenant de forme ou de matière différente. C'est grâce au bon design d'un objet qu'on peut l'utiliser avec aisance et plaisir. Celui-ci nous envoie à chaque fois qu'on l'utilise comme une petite « injection » de « *ki* » (énergie vitale) positif et bienfaisant. Ce sont ces doses minuscules de bonheur, les unes après les autres, qui font la qualité de notre quotidien. Et paradoxalement, si un objet est parfait, nous finissons, en l'utilisant, par l'oublier (jusqu'au jour où nous ne l'avons plus). Pourquoi ? Parce qu'il ne *vole* pas notre attention. Il fait comme partie de nous. Ce sont d'ailleurs les objets les plus simples qui appartiennent à cette catégorie. Rien ne remplacera jamais une bonne vieille cafetière italienne.

Ergonomie : c'est notre corps qui décide

L'ergonomie, c'est la science qui permet de créer un objet dont la forme répond parfaitement aux besoins du corps (un fauteuil confortable, un couteau facile à tenir en main, un système de placards de cuisine permettant de sortir ou ranger ses casseroles sans efforts inutiles). Trop souvent, nous avons à nous adapter aux objets pour les utiliser mais c'est le contraire qui devrait être : ce n'est pas à l'homme de s'adapter aux objets, mais aux objets de s'adapter à lui. Si un objet est trop lourd, difficile à manier, trop petit ou trop compliqué à utiliser, il n'est pas ergonomique. Or, le luxe, c'est précisément la simplicité, le confort, la légèreté et la facilité d'emploi. Seul notre propre corps est capable de nous dire s'il aime un objet ou non. Il se moque de sa marque ou de son logo. Tout ce qu'il veut, c'est se sentir bien.

Critères essentiels dans l'ergonomie : la forme et la fonction

Un bon objet est un objet à la fois compact, léger et maniable. Il évite alors à son utilisateur de gaspiller des centaines de mini doses d'énergie tout au long de la journée, tout au long d'une vie. Prenons par exemple un sac. Combien de fois l'utilise-ton au cours d'une seule journée, ne serait-ce que pour en retirer ses clés, ses lunettes, sa carte de transport ou un mouchoir ? Reste-t-il en place sur notre épaule ? Ne pèse-t-il pas trop ? Qui a « pensé » son design et s'est préoccupé de notre confort ? Sa fabrication

est-elle le travail d'un vrai artisan ? Ce sac est-il « bien construit » visuellement avec le goût sûr d'un créateur ?
Un objet doit aussi être agréablement maniable : c'est par exemple un rouge à lèvre au capuchon se vissant d'un petit clic précis (et qui donc ne s'écrasera pas au fond du sac). C'est une fiole en verre transparent laissant voir ce qu'elle contient encore ou un flacon facile à soulever, poser. C'est une casserole qui verse sans goutter (on reconnaît de telles casseroles à leur rebord légèrement incurvé vers l'extérieur). Un des objets dont, justement, l'ergonomie a fait la renommée est le petit flacon à sauce de soja de la marque Kikoman. Prenez-la dans la main, sentez-en la rondeur. Puis versez. Une goutte a-t-elle sali la table ? Non ? Le geste à se servir de cet objet génère à lui-seul un plaisir. C'est cela, l'ergonomie. Et c'est ce que nous devrions exiger.

« L'objet juste » ou la passion pour le meilleur, un art qui remonte aux Song

L'époque durant laquelle l'importance de l'objet fut la plus importante remonte probablement à l'époque des Song, en Chine. Un cuisinier transmettait son couteau à son disciple qui le léguait lui-même à sa descendance. Ce couteau devait donc être excellent (et la façon de l'utiliser très étudiée, afin qu'il ne s'abîme pas). On parle même d'un couteau qui serait passé de mains en mains pendant 1 000 ans. Tout, à cette époque, était codifié, comme la couverture des livres (une couleur par genre : politique, histoire, mathématiques, philosophie...). La perfection d'une page de calligraphie allait, quant à elle, jusqu'à relever de la morale : chaque idéogramme se devait, à un millimètre près, d'être aussi parfait que s'il avait été imprimé. Une table de travail était construite à la hauteur parfaite pour son utilisateur (si cette idée vous séduit, vous pouvez relever la hauteur de votre propre bureau à l'aide de gros cubes de bois placés sous ses pieds). L'ergonomie des Song fut donc probablement la pionnière du design. Pour eux, l'objet « juste » appelait l'habitat « juste » qui lui-même incitait à vivre de façon « juste », c'est-à-dire en évitant les extrêmes tels qu'une frugalité excessive, un luxe trop tapageur ou trop d'objets couteux. L'objet, parce qu'il était « juste », menait alors à une vie parfaite et sans excès : une vie « juste » qui, à son tour, engendrait une pensée juste qui elle-même avait pour résultat, chez ses individus, un comportement en société « juste ».

5

COMMENT DISCERNER LA QUALITÉ

Qualité des objets, des biens et des services

> « Honnêtement, entre des verres Nikon et des lunettes de vue des boutiques "Tout à 3 euros", je ne vois pas la différence. »
> UN ANONYME

Qu'il s'agisse d'alimentation, d'habillement, d'habitat ou de services divers et autres, le point de référence pour les amoureux du luxe comme pour ceux de la simplicité est toujours le même : la qualité. Mais comment définir celle-ci ? Sur quels critères se fonder ? Un produit de marque est-il toujours meilleur qu'un autre, moins cher ? Sommes-nous toujours objectifs ? Quelle est la part de snobisme dans nos choix ? Nous sommes bien souvent perdus dans cette profusion de questions, d'hésitations et de dilemmes ; tout, cependant, est question de bon sens et de sources d'informations fiables. La qualité est la voie la plus sûre vers la simplicité, même si le chemin pour y parvenir n'est ni facile ni court. Certes, il faut du temps, de l'argent ainsi que de la patience pour accumuler les connaissances nécessaires à trouver la qualité mais on peut s'en rapprocher un peu plus chaque jour. Qu'il s'agisse du goût d'une asperge ou de la longueur des fibres d'un cachemire, quelques trucs et secrets permettent de s'y retrouver assez aisément.

Les produits alimentaires : toujours lire les étiquettes

En règle générale, plus un produit industrialisé est de qualité, moins la liste de ses additifs est longue. Quant au prix, c'est au kilo qu'il faut comparer. Confitures, laitages, produits congelés..., bien des produits de sous-marques, vendus en grandes surfaces, sont les mêmes que ceux trouvés dans des magasins plus sélectifs. Seul leur emballage et la marque diffèrent. Ils sont seulement passés par un intermédiaire, d'où leur coût supérieur.

Chercher par soi-même les meilleurs commerçants

J'ai rencontré un jour à Paris un Japonais qui arpentait, carte en main, une à une, chacune des rues de la capitale. Son but ? Découvrir les meilleurs charcutiers-traiteurs. Il m'expliqua qu'il avait obtenu, au célèbre concours du meilleur charcutier de boudin noir de France, une médaille de bronze, mais que les infos sur le Net ne dévoilent jamais les meilleures adresses. Lui, étant « pro », savait, me dit-il, repérer les meilleurs produits d'un coup d'œil, rien qu'en les regardant (un poissonnier, lui, sait reconnaître si la chair d'un poisson est succulente, donc grasse en voyant son dos qui doit être bombé et non droit). Ma rencontre avec ce sympathique et déterminé « *otaku* » m'a rappelé ceci : ce ne sont pas toujours les magasins ou les restaurants les plus connus qui sont les meilleurs : en matière de goûts, ce qui compte le plus, c'est la qualité des produits.

Ne vous fiez ni à l'avis des médias ni à celui des internautes

Un nombre incroyable et toujours croissant d'avis de consommateurs s'affiche dans les colonnes des médias. Mais ce nombre est parallèlement croissant à la décroissance des budgets médiatiques. En d'autres mots, ces consommateurs, en remplissant les colonnes des magazines et des sites Internet, font office d'éditoriaux gratuits. Sans eux, les éditoriaux gratuits (Facebook, Twitter, My Space...) ne pourraient survivre. Le problème, alors, est que ces particuliers peuvent dire n'importe quoi sur n'importe quel sujet, faussant toute opinion professionnelle et objective. Magazines et journaux font, eux aussi, de plus en plus usage de ces types de données gratuites. Nous arrivons donc à de l'éditorial d'amateurisme ne favorisant que certains : les créateurs et les publicistes. Comment alors obtenir des informations justes et de valeur ?

Lorsque vous trouvez quelque chose de confortable, cherchez à savoir

Un jour que j'avais merveilleusement bien dormi dans un hôtel, j'ai cherché, à mon réveil, à connaître le nom du fabricant de l'oreiller sur l'étiquette. L'ayant trouvé, je lui ai téléphoné puis, après l'avoir félicité pour la qualité de ses oreillers, lui ai demandé s'il pourrait m'en faire un pareil. C'est ainsi que je dors maintenant aussi bien que dans cet hôtel, avec un bon gros oreiller en plume, ferme et doux à la fois. Il suffit parfois d'un coût de fil pour trouver le meilleur.

Refusez catégoriquement les » faux « produits

Nous consommons tellement de « faux produits » que nous ne finissons même plus par nous en rendre compte. Passez par exemple un yaourt 0 % de matière grasse dans un tamis : vous réaliserez que vous avez acheté beaucoup d'eau et très peu de yaourt. Idem pour certains meubles : vous pensez acheter une table en « bois » chez l'un des géants de l'ameublement en pensant vaguement que ce meuble vient de Suède, pays dont l'image est celle des beaux intérieurs en matières naturelles. Mais malheureusement, l'image que l'on se fait d'un produit et ce qu'il est réellement ne coïncide pas automatiquement : ce n'est pas parce qu'un meuble vient de Suède qu'il est obligatoirement en bois naturel. Danger, aussi, avec les matières « heatech », même si certaines sont de marque japonaise (made in China) : elles tiennent chaud, certes, mais font petit à petit perdre au corps sa faculté d'adaptation aux différences de température. Un sous-pull en soie coûte dix fois plus cher mais il est d'une qualité, d'un confort, d'une résistance et d'une finesse que nul autre matière, à ma connaissance, n'a jamais encore égalé.

Faites preuve de curiosité, parfois même d'intrépidité

C'est souvent ainsi que l'on apprend. Alors que je venais d'acheter chez un antiquaire une magnifique boîte ancienne à thé en étain, celui-ci me dit : je ne l'ai pas nettoyée, il reste encore quelques feuilles à l'intérieur, il faudra les jeter. Mais je suis curieuse… je voulais goûter ce thé pour voir si son goût avait vraiment disparu, quitte à me rendre un peu malade. Quelle ne fut pas ma surprise de découvrir que ce thé n'avait pas vieilli du tout et qu'au contraire, même, il était merveilleusement parfumé ! Je me suis mise alors à faire des recherches sur ces boîtes et j'ai appris que l'étain a des vertus particulières non seulement pour conserver le thé (excepté, bien sûr, les thés non fermentés comme le thé vert qui est meilleur lorsqu'il est consommé juste après avoir été cueilli) mais pour le bonifier.

Privilégiez les boutiques de fabricants spécialisés aux grandes surfaces

Dans les supermarchés, le choix d'articles semble immense et pourtant, à l'intérieur de chaque catégorie, il est extrêmement limité. Bien sûr, il y a des choix mais aucun n'est qualitatif. Par exemple, vous n'y trouverez pas les bons légumes d'un maraîcher vendant directement ses produits au consommateur ou le boulanger qui a pétri votre pain. Rares sont les personnes qui réalisent qu'en fait, les supermarchés offrent peu de choix. De nos jours, la possibilité de tout acheter dans un seul et même magasin offre un raccourci en temps et déplacement mais qu'en est-il du choix et de la qualité ? Les meilleurs endroits pour acheter des produits de qualité sont les petites boutiques et les marchés locaux, garants de la provenance ou de la fabrication de leurs produits. Il est souvent possible d'y goûter les produits et aucune mauvaise surprise ne nous attend en rentrant chez nous. S'ils sont un peu plus chers qu'en grande surface, ils offrent une double satisfaction permettant de consommer deux fois moins. Acheter peu mais bon, voilà le meilleur moyen d'éviter le gaspillage et de surconsommer. Avec le meilleur, il est facile de se contenter de peu.

Le hasard fait parfois bien les choses

C'est une émission de télévision qui m'a donné un jour l'envie de m'offrir une peau de mouton : le reportage faisait visiter la maison d'une vedette japonaise dans laquelle, partout, il y avait des fourrures blanches. Cela semblait si confortable que je ne pus, le lendemain, m'empêcher d'aller moi aussi m'offrir une peau de mouton très épaisse pour recouvrir le dessus de mon canapé. Quelques jours plus tard, alors que ma belle-sœur me rendait visite, elle s'exclama, en voyant cette peau : « Oh, tu verras, ces peaux sont fantastiques. J'en ai offert une à mes parents, il y a 20 ans, à mon retour de voyage de noces en Australie. Ma mère vient seulement, après toutes ses années sur son canapé, de l'envoyer au pressing. Et pourtant, je ne compte plus les tasses de café renversées dessus. Mais elle ne se tâche pas, ses poils sont naturellement imperméabilisés ». Quelques temps plus tard, une autre amie me dit qu'elle en avait trois, chez elle, rapportées du Pérou plusieurs dizaines d'années auparavant. « Les peaux de mouton ? Elles sont fantastiques. Mon grand plaisir, l'hiver, est de me glisser, après le bain, dans mon futon sous les draps duquel j'ai placé une peau. C'est le meilleur chauffage que je connaisse : non seulement la chaleur dans le futon ne baisse pas mais au contraire, elle semble accroître au fur et à mesure que la nuit avance. » Cette émission fut donc le hasard me conduisant sur un des objets qui font partie de mes rares « essentiels » mais dont je ne saurais plus me passer : beau et utile. Non seulement cette peau est d'un confort incomparable mais elle a redonné vie à mon canapé rouge, le rendant encore plus invitant que jamais. Confort et esthétique forment une association parfaite : autre définition du luxe ?

Une petite suggestion pour découvrir des objets de qualité

Si l'on vous demande ce que vous voudriez comme cadeau, répondez : « Quelque chose de peu cher mais luxueux ». C'est ainsi que j'ai découvert, grâce à ma sœur, une des meilleures marques de collants. Je n'oublierai jamais non plus cette énorme fraise, offerte par une amie, emballée tel un joyau dans une petite boîte. Lorsque je croquai dedans, je compris alors l'importance de l'emballage : je me demandai comment de tels délices peuvent exister sur terre. Désormais ces petits « trésors » vendus chez les marchands de fruits de luxe ne m'apparaissent plus comme des produits extravagants. Je sais qu'elles valent leur prix : le goût de cette fraise me laissera, à jamais quelque chose d'inestimable : un pur bonheur. Et cela, pour quelques euros seulement.

6

L'ÉLÉGANCE : SIMPLICITÉ ET RAFFINEMENT

Nous avons tous besoin de beauté

Que l'on soit esthète, amoureux de beaux paysages, fou de perfection, d'ordre ou de propreté, nous avons tous besoin d'une certaine forme de beauté pour vivre. La beauté est un besoin. C'est Stendhal qui offrit l'expression la plus « cristalline » de l'alliance intime que nous entretenons entre le goût visuel et nos valeurs quand il écrit : « La beauté est la promesse du bonheur. » Selon lui, la beauté envisagée comme préoccupation académique et la beauté telle que nous la recherchons au quotidien, afin de prospérer comme des êtres humains, sont à différencier. Si la recherche du bonheur est la quête sous-jacente de nos vies, la beauté semble naturellement y mener. Bien sûr, explique-t-il, il y eut et il y aura toujours des désaccords quant aux goûts visuels, tout comme il y en a pour les questions d'éthique. Mais il faut l'admettre : il y a autant de styles de beauté qu'il y a de visions du bonheur.

Elégance ne rime pas toujours avec dépenses

Les jeunes Parisiennes arborent un sac « vintage » en disant que celui-ci leur vient de leur grand-mère alors qu'elles l'ont acheté sur Internet. Ce qu'elles veulent avant tout, c'est ne jamais être copiées. Si on leur demande le nom de leur parfum, elles répondent : « Euh, j'ai oublié, c'était un échantillon retrouvé au fond d'un tiroir ». Je me souviens aussi de l'élégance de cette jeune fille, un après-midi d'hiver glacial, à Paris : elle était enveloppée d'un bon gros manteau démodé en mouton retourné beige, de forme croisée et retenu par une ceinture. Mais elle avait su le réactualiser en l'assortissant de bottines et d'une toque de la même couleur, en mouton elles aussi, et d'une paire de collants noirs. En la regardant, je me disais : « Ce n'est pas difficile d'être élégant : il suffit de trois accessoires : un manteau, un chapeau et des chaussures. Et du goût. »

Le goût pour la simplicité raffinée ne s'achète pas

Le goût s'éduque, se travaille. Une personne ayant reçu une bonne éducation ne parlera jamais fort. Son débit de parole sera toujours posé et clair. On reconnaît certains « nouveaux riches » à leur comportement : ils parlent comme des garçons d'écurie malgré la Rolex en or ou la jeunette qu'ils ont au bras. Je n'ai pu un jour m'empêcher de piquer un fou-rire lorsqu'on me parla d'une femme qui, sous-prétexte de toujours avoir l'heure exacte, portait une montre de luxe archi voyante à chacun de ses poignets. On sait qu'un homme qui lui, au contraire, porte une montre ancienne « Bubble back » possède un goût sûr et le sens de la discrétion, même s'il n'est pas très fortuné.

Le Japon, voie double du luxe

Depuis les temps les plus anciens, le Japon fait preuve de deux sortes de luxe : le luxe ostentatoire et celui du raffinement discret. On pense alors à la chambre de thé d'Hideyoshi toute en feuilles d'or, d'une splendeur éclatante et coûteuse, contrastant avec celle de Rykyu, exemple même de la discrétion apparente la plus grande. De nos jours, le luxe de Ginza et de ses grandes enseignes à néons côtoie celui d'artisans cachés au fond de leurs boutiques sombres dans des arrières boutiques et qui continuent à perpétrer les techniques d'objets artisanaux, de trésors non griffés recherchés seulement par une poignée de connaisseurs. Pour ces derniers, le luxe, justement, c'est tout l'opposé de ce qui est voyant, connu et populaire.

Ce couple, à la table d'à côté

Alors que je m'installais pour mon petit déjeuner au restaurant d'un hôtel, je fus placée tout près de la table où déjeunait déjà un couple. L'un de mes grands plaisirs, lorsque je suis hors de chez moi, est d'observer les personnes. Ce couple paraissait ordinaire mais la femme m'impressionna par ses bonnes manières. Elle avait rempli son plateau, au buffet, d'une façon très esthétique et sobre, sans le remplir à ras bord, comme c'est souvent le cas : elle s'était seulement servi, dans un ramequin, trois petites tomates sur un lit de laitue, sur un autre quelques brocolis et dans le troisième, une salade de fruits. Lorsqu'elle et son mari eurent fini de manger, elle remarqua que celui-ci avait laissé une prune salée sur son plateau : cela la contrariait probablement de voir ainsi de la nourriture gaspillée. Elle s'assura qu'il n'en voulait pas et, ressortant avec délicatesse ses baguettes en bois jetables de leur étui en papier, se mit à manger, petit morceau par petit morceau, la prune. Ensuite, voyant que je la regardais, elle me sourit et nous échangeâmes quelques mots : elle était de Kyoto.

Les personnes ayant véritablement de la classe sont très discrètes

> « Le luxe, ce n'est pas le contraire de la pauvreté mais celui de la vulgarité. »
> COCO CHANEL

On reconnait les personnes ayant de la classe à plusieurs choses. D'abord, leurs mains : pas de faux ongles en gel mais des cuticules repoussées, un vernis discret et l'absence de bijoux mesquins ou, au contraire, trop voyants. Tout, chez elles, relève d'un raffinement à peine visible mais extrême car empli de retenue : des couleurs sobres, des vêtements en tissus naturels. L'été, du blanc, du blanc cassé, du gris pâle, l'hiver, des couleurs plus chaudes mais jamais trop vives. Jamais de lunettes aux strass incrustés dans les montures ou de marques apparentes sur leurs accessoires. Leurs bijoux se limitent à une bague en diamant ou en émeraude, un collier ou des boucles d'oreilles en perles naturelles. Elles savent que pour avoir l'image d'une femme raffinée, il suffit bien plus souvent « moins » que « plus » et que pour avoir de la classe, il faut avant tout savoir se retenir en portant ce qui nous convient plutôt que ce qui nous plaît.

Le raffinement se sent autant qu'il se voit

Certaines personnes ne diffèrent apparemment pas des autres de par leur tenue ou leur apparence mais c'est lorsqu'on leur parle qu'on remarque chez elles une certaine élégance. Elles parlent doucement, s'adressent à vous avec à la fois de la réserve et de la douceur, elles ont la délicatesse de ne pas poser de questions personnelles tout en s'intéressant à vous et n'abusent jamais d'une politesse excessive qui mettent l'autre mal à l'aise. C'est ce que l'on appelle en japonais l'« *iki* » et que l'on pourrait traduire par *distinction raffinée.*

Soyez iki, vivez iki, pratiquez la sophistication naturelle

> « Edo… une époque à la fois rigide et légère, austère et délicate, vieillotte et bénie, si parcimonieuse au-dehors et si riche au-dedans ! Epoque exquise et raffinée. C'est au confluent de l'esthétique et du quotidien que se rencontre pour l'essentiel ce que les Japonais gardent d'hier : une façon à la fois simple et raffinée de se vêtir, de se loger. »
> JEAN SARZANA, *LA TENTATION DE KYOTO*

On dit qu'un objet ou un événement « iki » est simple, improvisé, direct, mesuré, temporaire ou éphémère, romantique, original, raffiné et discret. On décrit également une personne « iki » comme audacieuse, chic et raffinée, spontanée, nonchalante, calme, vaguement indifférente, ouverte d'esprit, jolie mais sans le chercher, ouverte et à la fois mesurée. À l'inverse, elle ne peut pas être parfaite, artistique, compliquée, trop jolie, appliquée, bavarde ou « mignonne ». L'« iki » serait, entre autres, un idéal esthétique auquel aspirent les geishas. Liza Dalby, dans son livre sur ces femmes mystérieuses, décrit ainsi l'« iki » : « *Le but à atteindre était l'élégance naturelle. Outre ce refus de la vulgarité, le vrai style iki contenait une part d'audace et de non-conformisme. L'iki implique aussi la sincérité, mais une sincérité sophistiquée et non la franchise aveugle de la jeunesse, de l'ardeur et de l'inexpérience. [...] Être iki voulait dire être sophistiqué sans être hypocrite, pur mais sans naïveté.* » L'art suprême est de cacher le calcul qui parvient à créer la beauté. C'est peut-être ce raffinement-là, entre autres, qui caractérise le raffinement japonais.

7

LE LUXE, C'EST UN STYLE BIEN À SOI

La distinction : un luxe qui se sent

> « Le luxe est une affaire d'argent.
> L'élégance est une question d'éducation. »
> SACHA GUITRY

Jeune homme assis à côté de moi dans un train japonais : costume gris, chemise blanche, chaussures noires, beau sac sobre mais de qualité, mains fines… : il lit un ouvrage de médecine.
Une jeune femme chinoise très belle à Hong-Kong, dans un restaurant : longs cheveux ultra lisses noirs de jais, ensemble veste-pantalon en laine d'été noir, échancré en V et, dans le creux des clavicules, un solitaire.
Certains inconnus restent ainsi gravés à vie dans notre mémoire pour leur élégance et leur distinction. Qu'est-ce, au juste, qui les distingue autant ? Probablement, d'abord, leur tenue mais surtout, peut-être la sobriété et la qualité de leurs vêtements. Le cachemire, la flanelle (portée par les moines du Vatican), la soie, le coton fin sont des matières à la fois sobres et surtout très confortables. Ce plaisir à les sentir sur soi se reflète sur ceux qui les portent. Quant aux couleurs que portent ces personnes, elles sont presque toujours monochromes. Qu'y-a-t-il de plus beau qu'un simple pull noir bien coupé en hiver ou une tenue blanche l'été ? Il suffit de revêtir un grand châle blanc

pour se sentir riche. Chez elles aussi, les personnes aisées privilégient très souvent le blanc, que ce soit pour leur linge de maison, leurs bougies ou leurs fleurs. Or le blanc ne coûte pas plus cher qu'une autre couleur. Preuve supplémentaire que le style, c'est avant tout une question de goût.

Peu de vêtements mais un style à soi

Si l'on devait donner une définition de l'élégance, ce serait d'abord « le contraire du vulgaire ». Or c'est exactement la même expression que l'on peut donner au luxe. Est vulgaire celui qui imite les autres ou se veut à la mode alors qu'il est complètement démuni d'originalité. J'ai rencontré un jour un homme qui m'a surprise par son élégance. Tout ce qu'il portait semblait comme se fondre à sa personnalité. Il ne faisait qu'un tout avec ses vêtements. Quelques temps plus tard, il m'avoua qu'il teignait lui-même ses t-shirts, brodait à la main des motifs autour des endroits usés de ses jeans ou sur ses foulards. Le luxe, en matière vestimentaire, c'est un style, une attitude et non tel ou tel sac de marque. Me revient aussi en mémoire la tenue, lors d'une interview télévisée, du célèbre chef d'orchestre Seiji Oshawa et de son élégance : cheveux blancs et chemise en flanelle de couleur foncée dont les deux derniers boutons étaient ouverts sur un t-shirt blanc. Décontraction. Simplicité. Classe.

Avoir des secrets et dégager une impression de mystère

Avoir des secrets et les garder, cela rend fort et nourrit. Les autres ne savent pas pourquoi nous sommes si radieux, heureux. Avoir un petit air de mystère fait partie du luxe et confère une sorte de magie. Car le luxe, par définition, est impénétrable. Désinvolture, léger mépris des conventions et des règles établies… voilà à quoi tient le charme unique de certains. Une auréole de mystère semble flotter autour d'eux. Une de mes actrices japonaises préférées, Kiki Kilin, répond toujours ceci, d'un air malicieux, aux journalistes qui ne cessent de lui demander pourquoi elle reste mariée avec un homme dont elle vit séparée depuis plusieurs dizaines d'années : « *Ah… pourquoi essayer de vous expliquer… Vous ne comprendriez pas, de toute façon.* » La simplicité de ses réponses lui confère l'image du luxe de ceux qui ont choisi de vivre libres sans se soucier des conventions. Si nous les envions c'est que leur mode de vie, leur originalité, leur créativité, ou leur disposition à ne pas tout dévoiler de leur vie privée nous subjuguent. Et si nous les envions, c'est peut-être aussi que nous savons qu'au fond de nous, quelque part, nous avons ces mêmes qualités mais que nous n'avons pas su les exploiter. Nous pouvons pourtant à tout moment nous dépasser. Devenir ce que nous sommes, intérieurement. C'est cela, le luxe de l'authenticité : parler et agir avec simplicité !

Inutile d'être riche pour prendre soin de soi et sourire

Ne cachez pas vos défauts. Ce sont eux qui font votre charme. Le luxe de la simplicité, c'est être soi et s'aimer, ce qui revient à être soigné et souriant, généreux et ouvert. Pour séduire les autres, il faut s'aimer. Et pour s'aimer, il faut se faire plaisir en se valorisant. Avoir une bonne image de soi-même rend la vie infiniment plus simple. Si vous vous aimez, cela se reflètera sur votre physionomie : on peut s'habiller simplement mais élégamment. Bien habillée, une personne gagne de la confiance en elle ; elle sait alors s'amuser, être gaie et rire naturellement comme une petite fille. Rire n'est peut-être plus aussi naturel à l'âge adulte que quand on est jeune mais cela se réapprend à force de philosophie et de contrôle de ses sentiments. Rire est la porte à la légèreté. Cela aide à dédramatiser non seulement les petits soucis du quotidien mais les autres. Le rire est quelque chose de simple mais de tellement rare aujourd'hui !

Acceptez-vous telle que vous êtes

Si vous êtes un peu trop ronde, commencez par accepter ce poids ainsi que votre apparence. Et surtout n'attendez pas de maigrir pour bien vous habiller. Car pour maigrir, il faut commencer par s'aimer. Quelle que soit votre apparence, prenez soin de vous. C'est un luxe auquel chacun a droit. C'est se donner journellement les moyens d'être heureux de vivre, d'être libre dans son corps et dans sa tête. De plus, accepter son poids et son apparence aide à maigrir car, on le sait, trop manger est souvent le signe de frustrations et de stress. Soyez toujours parfaitement habillée, cela sera un stress en moins. Il existe assez de magasins proposant de très jolis vêtements pour les rondes. Il suffit de faire le premier pas dans une de ces boutiques spécialisées. Certaines femmes sont très pulpeuses et dégagent cependant un charme fou. S'accepter est un luxe : celui d'être soi.

L'assurance du geste de ceux qui sont à l'aise

La décontraction est ce qui fait le charme des personnes ayant confiance en elles. Celles qui sont dépourvus d'identité tentent souvent, par le biais de la mode, d'en acquérir une. Celles, au contraire, qui savent qu'elles ont un charme naturel parlent, marchent avec une certaine aisance. Elles ont cette même aisance dans tout, que ce soit se mouvoir, monter ou descendre de voiture, ou bien retirer un pull sans complexe dans un restaurant. Leurs gestes ne sont pas brusques mais doux, naturels. Elles savent que l'aisance est une façon digne de se mouvoir, et que, pour cela, un corps n'a pas besoin d'être parfait. La délicatesse, ce peut être une certaine façon de tenir son verre à la main, ne mettre qu'une toute petite quantité de nourriture sur sa fourchette (ou sur le dos de celle-ci, comme le font les Anglais), de s'asseoir et se lever sans complexes, lécher naturellement une goutte de vin sur son doigt pour l'arrêter de couler. On dit qu'il peut y avoir du luxe dans les mouvements d'un corps tout comme dans certaines musiques : c'est l'énergie qui engendre l'aisance et la grâce. Et cela représente l'élégance en soi, même si c'est, comme le fait l'un de mes amis, porter deux paires de chaussettes trouées l'une sur l'autre : ainsi superposées, leurs trous ne se voient plus, dit-il et en plus, cela tient chaud aux pieds. Voilà pour moi le charme et le naturel des gens sûrs d'eux.

8

HABITER UN LIEU AVEC NATUREL ET LIBERTÉ

L'habitat idéal : simplicité et authenticité

> « Embellir sa maison, c'est embellir sa vie »
> OMAR KHAYAM

Quel bonheur plus exquis existe-t-il que de pouvoir retourner, à la fin d'une journée harassante, stressante, pleine de poignées de main non sincères et de dossiers à n'en plus finir, dans un chez soi « authentique » au jardin fleuri, aux parquets de bois brut sans prétention et aux rideaux en bon vieux lin ? Enfin des matériaux vrais, naturels qui apaisent notre esprit fatigué et notre corps éreinté ! Il suffit de peu pour retrouver des valeurs qui nous ressemblent et rendre un intérieur agréable et chaleureux. Un simple bouquet de fleurs apporte toujours de la fraîcheur et de la gaité, un photophore rend magique la lumière d'une bougie qu'il reflète et se décuple sur ses parois. La flamme dansante apporte instantanément de la vie à la pièce, un peu comme un mobile dans le vent. Sur les murs, moins il y a de choses, plus c'est reposant : tout au plus une œuvre achetée à un amis et donc revêtant un sens particulier, apportant de plus une note personnelle à notre intérieur. Si vous n'avez pas d'amis artistes, pourquoi ne pas accrocher le tableau d'un artiste rencontré personnellement et qui, selon vous, gagne à être connu ? Rappelons que trop de choses, même belles, enlaidissent un intérieur et fatiguent visuellement. La place des statues bouddhiques anciennes dénichées chez les antiquaires devrait être dans les temples, celle des tableaux dans les galeries, et les bibelots là où ils sont le mieux… sur les étalages des boutiques. Ce qui apporte le plus d'élégance, de détente et de confort dans un intérieur, c'est l'ordre, la propreté et l'espace visuel.

De petits détails qui « classent »

L'autre jour, alors que j'allais chercher mon shampoing dans une jolie boutique de produits de soins australiens, j'eus le temps, en attendant d'être servie, d'observer cet élégant et raffiné décor lorsqu'un un détail arrêta mon regard : stylos, ciseaux, calculatrices… tous les petits objets autour de la caisse étaient noirs. J'interrogeai la vendeuse : « *Ce sont ceux qui ont conçu le magasin qui ont décidé de tout. Nous avons la stricte interdiction d'employer quoi que ce soit d'autre. Mais, vous savez, ces objets de bureau viennent tous de chez Muji*». J'avais, une fois de plus, la preuve que la sobriété et le bon goût ne dépendent pas des moyens financiers mais d'un grand souci du détail et d'une ferme détermination à ne rien laisser au hasard. Imaginez faire le vide complet chez vous et tout reprendre à zéro. Ce sont de tels détails, choisis avec soin dans un style, précis, simple et homogène qui redonneraient à votre intérieur autant de style que dans ces boutiques de luxe.

Tout faire pour embellir son intérieur est un luxe essentiel

Vivre dans un lieu sobre et soigné est un des secrets pour récupérer de la fatigue du monde extérieur et se retrouver enfin dans un univers doux et naturel. Qu'importe qu'il s'agisse d'un intérieur de standing moyen : l'essentiel est qu'il nous ramène à des vérités personnelles, des vérités que le monde extérieur ignore et auxquelles notre moi distrait et irrésolu a du mal à s'accrocher pendant les journées passées au bureau ou dans des endroits nous éloignant de nous. Ce que nous recherchons, au plus profond de nous, c'est surtout ce qui nous ressemble, plutôt que ce que nous possédons physiquement, c'est-à-dire un environnement qui nous touche par sa beauté. Il peut arriver que certains désirent un intérieur destiné à les faire valoir auprès des autres. Mais la plupart d'entre nous avons besoin de nous sentir connectés à notre environnement à travers un registre autre que celui des mots : un langage d'objets, de couleurs et de formes qui nous recentrent vers une partie de nous que l'étourdissement du monde extérieur nous avait fait oublier.

Le luxe d'un habitat ne dépend pas de sa superficie

> « […] un sens du confort décadent : on
> s'enlisait dans les canapés et les fauteuils
> au point de ne jamais vouloir s'en relever »
> AMÉLIE NOTHOMB, *LE FAIT DU PRINCE*

Modeste dans ses dimensions mais bien décoré et aménagé avec des meubles fonctionnels et intelligents, un habitat peut transformer l'existence en devenant un délicieux havre de paix que l'on retrouvera après une absence sans avoir eu l'impression de le quitter. Un logis confortable est un logis dans lequel on se sent aussi à l'aise que dans un vêtement familier. On l'appréciera autant par beau temps que par grands froids, sous le soleil ou sous la pluie, pour toujours lui découvrir de nouveaux charmes et s'en enchanter. Critère infaillible de ce ravissement ? Dès qu'on est bien dans une maison, le temps ne passe plus de la même façon, on est prêt à le « perdre », à s'abandonner à une délicieuse nonchalance.

Le besoin d'un habitat au design » intelligent «

> « Un magnétoscope ? Non, dit Randsome.
> La vie est assez compliquée comme ça. »
> ALAN BENNETT, *LA MISE À NU DES ÉPOUX RANSOME*

Bon nombre de personnes vivant dans des intérieurs ultra modernes et aseptisés souffrent de maladies chroniques dont elles ne peuvent trouver la cause. Et si cela provenait de leur intérieur ? Pourquoi ne peuvent-elles admettre que celui-ci, malgré sa modernité, manque tout simplement de confort (de sensations réconfortantes) ? Les architectes oublient trop souvent de rendre hommage aux nécessités de l'esprit humain, ne se préoccupant que de ce qui se voit. Plutôt que de se vouloir « branché » (et faire la fierté de son propriétaire), un intérieur devrait avant tout apporter de la joie, du bien-être, et répondre à des besoins que nous avons en nous sans bien souvent nous en rendre compte : de petits coins intimes, une pièce/bureau sans emploi spécifique, un dressing-boudoir, ou, tout simplement une buanderie fonctionnelle attenante à la salle de bain.

La théorie de Worringer

Peinture, architecture, design… Qu'est-ce qui fait que les sociétés, au fil du temps, changent de critères d'esthétique ? Wilhem Worringer, historien d'art d'origine allemande du XIXe siècle explique que l'homme a toujours recherché dans l'art ce qui lui manquait dans la vie. Il apporte dans son intérieur ce qui vient à lui manquer dans la société. L'art abstrait, infusé d'harmonie, de calme et de rythme, parle surtout à des sociétés qui se languissent de repos et de tranquillité. En revanche, dans les sociétés empreintes d'ordre et de règles strictes, les habitants rêvent d'échapper à un climat oppressant et ont soif de fantaisie, de couleur, de vie et d'excentricité. Les Grecs de l'Antiquité, qui passaient la plupart de leur temps à l'extérieur et dont les villes étaient petites et entourées de forêts et de mers, ressentirent rarement le besoin de célébrer le monde naturel dans leur art. Mais pour nous qui vivons dans des sociétés ultra industrialisées et de moins en moins au contact de la nature, quoi de plus normal d'aspirer à un environnement simple, naturel et sans prétention ?

9

LE LUXE DE POSSÉDER PEU

Platon, un minimaliste avant l'âge

> « Et Socrate, à la vue d'objets de luxe exposés pour la vente, s'écriait : "Combien de choses dont je n'ai pas besoin" !»
> ARTHUR SCHOPENHAUER, *APHORISMES SUR LA SAGESSE DANS LA VIE*

Selon Platon, l'âme humaine est comme le dieu de la mer Glaucos qui, étant resté trop longtemps sous la mer, avait été recouvert d'algues, de coquillages, et de roches jusqu'à devenir méconnaissable et ressembler à un monstre. De la même façon, l'âme perd ses bases lorsqu'elle poursuit ce qu'elle croit être la source du bonheur : les possessions. Observez un centre commercial un samedi après-midi : des centaines de personnes flânent, les bras chargés de sacs, sans, de toute évidence, aucun but particulier. Que recherchent-elles exactement ? Le shopping est devenu la seconde activité la plus populaire de tous les loisirs aujourd'hui. Elle surpasse même le cinéma, les sorties dans les parcs, les théâtres, les bars et les terrains de sport. La seule à la dépasser est le restaurant. Résultat ? Une qualité de vie, paradoxalement, de plus en plus pauvre. 70 % des personnes interrogées dans les grandes villes disent ne pas se sentir heureuses. Leur vrai problème, ce ne sont pas toutes les innovations de notre époque mais des vies aux intérieurs remplis de livres qu'elles n'ont jamais lus, de CD qu'elles n'écouteront jamais, de vêtements qu'elles ne porteront plus, de gadgets inutilisés, de tonnes de nourriture qui partent à la poubelle. Ce sont des abonnements aux salles de gym qu'elles ne fréquentent que quelques semaines, des services souscrits inutilisés, des « mises à jour » sur leurs ordinateurs ressemblant à des fantômes. Or tout cela se paie : avec des cartes de crédit, des emprunts, et donc… de l'argent ! Un argent durement gagné et échangé pour des biens qui ne rendent pas heureux.

Nous sommes, matériellement, arrivés à saturation

> « Le bonheur parfait, c'est l'absence de besoins et de désirs personnels. »
> JACQUES ROGGE, MÉDECIN

La richesse matérielle, à laquelle même les plus démunis ont accès, apporte-t-elle le calme et la placidité ? De plus en plus de personnes se disent « fatiguées » de cette surconsommation de produits, de loisirs, de plaisirs de pacotille. Elles recherchent autre chose : du temps loin des villes, des vacances sans horaires, loin de la foule, du bruit, du confort excessif. Ce à quoi elles aspirent surtout est le contact avec la nature, dans des lieux presque sauvages. Inutile, cependant, d'aller si loin : on peut trouver une vie aussi heureuse chez soi. Il suffit pour cela de se désencombrer, de faire le tri et ne garder que ce dont nous avons vraiment besoin. Revenir à une vie simple et « sans tralalas », comme disent nos amis Belges.

Pas de seconds choix pour les amoureux du luxe

> « C'est tellement léger de ne pas penser, de ne pas prévoir… »
> DANIEL AUTEUIL, INTERVIEW POUR SON FILM *AVANT L'HIVER*

Plus que les objets, ce sont les dilemmes, les choix à faire qui usent l'esprit. Nous avons déjà tellement de décisions à prendre dans la vie, de choix à faire… Une de mes anciennes voisines vit de façon extrêmement simple. Lorsque je lui rends visite, elle apporte, sur la table, un plateau de laque orangée sur lequel reposent deux tasses de son éternel et délicieux thé vert. Toujours le même, acheté depuis presque 40 ans chez le même fournisseur. Sous le toit de cette maison, les « seconds choix » n'existent pas. Vivre ainsi, contrairement à ce que certains pourraient penser, ne relève ni de la pingrerie (les avares gardent tout) ni d'un manque de fantaisie : c'est l'aboutissement de milliers de petits renoncements choisis. Or choisir une chose, ne l'oublions pas, c'est devoir renoncer à autre chose. C'est donc éliminer les seconds choix afin de ne plus avoir à hésiter. Bout à bout, ces milliers de petits choix du quotidien éliminés font économiser une énorme quantité d'énergie. Si avoir une vie riche, c'est avoir de l'énergie, éliminer les seconds choix est donc le chemin le plus court qui y mène.

Trop de choix nuisent à notre bonheur

Que nous soyons à la recherche d'une nouvelle voiture, d'un nouveau portable, de prochaines vacances ou tout simplement de la composition du menu de ce soir, l'éventail des choix parmi lesquels nous avons à choisir est sans précédent. Mais, nous l'oublions trop souvent, ce sont précisément ces choix qui, paradoxalement, nous mènent à une sorte d'insatisfaction chronique. Si nous apprécions le fait d'avoir du choix, nous avons en revanche beaucoup moins confiance en nous quant aux prises de décisions qui nous incombent. Trop de ces choix nous rendent malheureux parce que nous avons toujours le vague sentiment que, peut-être, il y avait un meilleur choix à faire. Certes, les informations à notre disposition ne manquent pas (Internet, nos proches, nos collègues…) mais leur multitude ne fait qu'ajouter à notre confusion. Comment être sûr d'avoir choisi la bonne voiture, la bonne assurance vie ou les chaussures les plus efficaces pour une randonnée ? Si je déteste les buffets, c'est un peu pour la même raison : on ne sait pas ce qui est le meilleur, on veut tout goûter et cette envie nous gâche le plaisir du repas. Un petit déjeuner avec, pour seuls choix, thé ou café, confiture à l'orange ou à la fraise est tellement plus sympathique ! De nos jours, l'absence de choix est presque devenue une forme de luxe…

On peut vivre avec encore bien moins que ce qu'on imagine

> « Garde toujours à l'esprit que très peu, en réalité, est nécessaire pour mener une vie heureuse. »
> MARC AURÈLE

Le luxe, c'est avoir l'intime conviction que l'on n'a besoin de pratiquement rien pour être heureux : ni d'un appartement immense ni d'une batterie de cuisine dernier cri, ni d'une garde-robe nécessitant un dressing. C'est, en d'autres termes, ne pas redouter le dénuement matériel et savoir qu'on peut vivre élégamment avec un bouton d'anémone sur le rebord de sa fenêtre et quelques vieux jeans usés. C'est avoir du goût et savoir composer, avec trois fois rien, un bon repas, rendre chaleureux un appartement froid et rendre une tenue élégante avec un simple carré de soie. Vivre dans le luxe, c'est surtout vivre libre de tout souci et de toute angoisse pour le futur, être capable d'apprécier chaque moment de l'existence et avoir assez de sagesse, de connaissance et bon sens pour vivre en paix avec soi.

Un tatami, une étagère : le summum d'une vie à l'extrême

Les bonzes zen, lors de leur cérémonie de sacrement, reçoivent un sac appelé *bunko* et s'engagent à ne plus jamais de leur vie posséder davantage que ce que ce sac peut contenir. Ce sac symbolise leur renoncement aux possessions et aux attachements matériels. Dans les temples où ils séjournent, leur est attribué un espace de la taille d'un tatami (1,80 m x 0,90 m) au-dessus duquel est aménagée une étagère pour les effets personnels. Sans vouloir chercher à les imiter, nous pourrions, nous aussi, accéder à ce luxe du détachement matériel. Un petit appartement agréable et bien situé, de quoi cuisiner simplement et sainement, se vêtir, dormir… voilà là les seules nécessités suffisantes pour mener une vie heureuse. Le summum du luxe, pour les bonzes zen coréens (encore plus stoïques que les japonais), se résume, lui, à encore moins : un esprit sain dans un corps vigoureux.

Le refus de toute possession précieuse pour obtenir la paix

> « Celui qui accumule les richesses a
> beaucoup à perdre. »
> LAO TSEU

C'est parce qu'ils ont eu tout que certains, probablement, peuvent se permettre de ne plus rien désirer ni vouloir posséder. Mais pas toujours. A mi-chemin vers la quête de simplicité, apparaît cette envie de n'aspirer à ne posséder que peu mais le meilleur. Mais lorsqu'on avance encore plus loin, une autre étape se fait entrevoir : ne plus posséder quoi que ce soit de précieux. C'est peut-être là le summum de la richesse : ne plus avoir à prendre soin d'objets précieux, ne plus avoir à les protéger, ne plus à en être responsable… Vivre ainsi est probablement l'un des plus grands luxes qui soient.

Le vrai luxe : ne pas redouter la pauvreté matérielle

> « Pour moi, l'essentiel est le dépouillement. Des habitudes, des besoins, des angoisses. En marchant, le pèlerin s'allège. Il le fait au sens propre, en retirant de son sac tout le superflu. Et il le fait moralement, affectivement, spirituellement lorsque, de retour, il va ôter de sa vie ce qui l'encombre, pour ne garder que l'essentiel. »
>
> JEAN-CHRISTOPHE RUFIN,
> *COMPOSTELLE, MON CHEMIN SPIRITUEL INATTENDU*

Avoir peur de la pauvreté matérielle est une forme de pauvreté. S'assurer un toit, de quoi se nourrir, l'assurance de pouvoir recevoir les soins médicaux adéquats en cas de besoin, et celle d'avoir de quoi passer ses vieux jours convenablement devrait représenter notre seul et unique souci lié aux contingences matérielles. Le vrai luxe, c'est oublier jusqu'au détachement lui-même et ne même plus penser à ce qui pourrait nous manquer.

L'esthétique de vivre avec peu

> « Le mobilier réduit qui était à présent celui des Ransome – les balles de haricots, la table pliante… – apparaissaient moins aux yeux de la conseillère comme une marque de dépossession que comme le choix délibéré d'un style. »
> ALAN BENNETT, *LA MISE À NU DES ÉPOUX RANSOME*

Il faut être riche intérieurement pour vivre dans peu et surtout avec peu. Vivre ainsi permet de prendre du recul sur tout : ses activités, ses fréquentations, et même sa propre vie. Chaque geste devient précis, aisé, gracieux. S'organiser se transforme en un jeu d'enfant. Le monde matériel ne nous accapare plus. Ce mode de vie devient lui-même un modèle à part entière d'esthétique.

Ne plus avoir, seulement être ou la philosophie des Tziganes

> « Etre gitan, c'est n'être rien : ni dans le sport, ni dans la mode, ni dans le spectacle, ni dans la politique ; et la réussite sociale n'a pas de sens pour nous. »
> ALEXANDRE ROMANÈS

Michel Onfray, dans son ouvrage *Cosmos*, nous révèle la valeur de ce peuple tzigane que l'on connaît bien, en Europe, parfois pour quelques petits larcins, mais trop peu pour leur philosophie. Selon eux, explique Onfray, le travail ne devrait pas être une fin en soi mais le moyen de pourvoir à ses besoins élémentaires. Les Tziganes n'aiment ni l'argent ni l'avoir ; ils n'aiment ni les honneurs ni le pouvoir. Posséder, pour eux, c'est être esclave des choses, de l'avoir, de la propriété. Ce peuple libertaire n'est l'esclave de rien ni de personne. Aucun objet ne saurait lui être un lien. Quand on ***est*** vraiment, on n'a pas besoin d'**avoir**. Dans leur roulotte, ils ont ce qui permet d'être, ni plus ni moins. Ce qui excède cette loi de l'être définit le « Gadjo » (le sédentaire) qui veut avoir pour être, et qui a d'autant plus qu'il n'est pas. Pour le Tzigane, le Gadjo possède en proportion du fait qu'il n'est pas lui-même sa propriété. A la mort du Tzigane, du moins dans les temps d'avant, on brûlait sa roulotte, ses objets ; parfois plus tard… sa voiture ou son camion. Ses bijoux et son argent étaient disposés dans son cercueil ou bien dépensés pour les funérailles, investis dans un tombeau magnifique. L'incinération des biens dit tout le génie de ce grand peuple qui n'a cure ni de l'argent ni de la propriété, ni des choses.

10

ENRICHIR SA VIE EN CAPTANT LA BEAUTÉ

Certains ressentent un besoin inné de beauté, d'autre non

> « Tous sans exception, nous passons nos jours à chercher le secret de la vie. Eh bien, le secret de la vie est dans l'art. »
> OSCAR WILDE, *APHORISMES*

C'est Oscar Wilde qui disait, je crois, que deux choses dans la vie ne s'expliquent pas : la mort et le besoin de beauté. Pourquoi certains peuples, comme le Japon et la Corée, ont-ils élevé la beauté à un degré proche du religieux et pourquoi d'autres vivent dans des villes sales et couvertes de détritus ? Pourquoi certains ressentent-ils si fortement le besoin de vivre dans le raffinement, de voir de beaux paysages, de boire dans de beaux verres et d'autres ne s'intéressent qu'aux idées abstraites, aux sous-marins ou à la guerre ? Il n'y a pas d'explication. C'est une question de nature. Un jour que j'allais prendre un verre dans un minuscule bar de la région de Wakayama, quelle ne fut pas ma surprise de m'assoir à un comptoir laqué noir dans lequel avaient été enchâssés de petits ronds de verre opaque lumineux destinés à éclairer la boisson des clients ! Mais ce qui m'impressionna le plus, fut, derrière le bar, une petite vitrine en verre cadenassée renfermant les verres de certains habitués : au beau milieu trônait un grand et merveilleux gobelet en Baccarat de cristal épais dont une des parois était incrustée d'un énorme rubis. Interloquée, j'interrogeai le patron : il se mit à rire et me dit que le plus extraordinaire, à propos de ce verre, était que son propriétaire ne buvait que des jus d'orange. Il adorait les belles choses, tout simplement.

Rechercher une beauté qui satisfait les sens

> « Notre mouvante vie passe comme un
> rêve, que peut bien y durer le plaisir ?
> Ils le savaient fort bien, les anciens qui
> s'amusaient la nuit à la lueur des bougies. »
> LI BAI, *BANQUET D'UNE NUIT DE PRINTEMPS AU JARDIN DES PÊCHERS ET POIRIERS*

Une chambre japonaise aux parois et plafonds de bois finement menuisés, des draps amidonnés, un futon séché au soleil et sentant bon le frais, un petit oreiller ferme en cosses de sarrasin, un léger parfum d'encens pour apaiser le sommeil, un beau et merveilleux rouleau de peinture représentant de lointains paysages aquatiques ou des cerisiers blanchissant dans la pénombre à la lueur d'une bougie, un thé vert dans une tasse à l'intérieur de laquelle sont peints des paysages montagneux faisant du thé un lac… Même avec un nombre très restreint de possessions, à condition que celles-ci soient belles (on trouve dans les marchés aux puces des merveilles pour un prix dérisoire), le luxe peut atteindre des sommets inimaginables. Rechercher la beauté pour elle-même, une beauté qui satisfait les sens, est peut-être une des plus hautes formes de luxe. Du moins… pour ceux qui sont esthètes.

Même l'esthète le plus désargenté ne s'ennuie jamais

> « Lorsque nous devenons le détenteur d'un bel objet qui a été réalisé par un artisan amoureux de son métier, n'est-ce pas un luxe de s'en occuper ? Nourrir de beaux matériaux, les sentir, les regarder, les toucher, n'est-ce pas aussi un plaisir simple, un moment de luxe, de calme et de volupté, si chers à Baudelaire et à Matisse ? »
> UN AMI

On rapporte qu'un jour, le grand poète et écrivain Tanizaki avait émis le désir d'aller contempler la pleine lune d'automne. Mais ce n'est qu'au terme d'une longue hésitation, raconte l'histoire, qu'il se décida enfin pour le monastère d'Ishiyama. Voir la lune sous ses plus beaux reflets valait bien pour le poète, toutes ces hésitations. Tout esthète, même désargenté, peut satisfaire son besoin de beauté, ne serait-ce qu'en partant chiner pour quelques euros des trésors dans les vide-greniers et les foires à la brocante. Une grosse bougie en cire naturelle offre plusieurs heures de ravissement, posée par exemple sur un plateau-repas rempli de petites choses à grignoter et présentées avec art dans quelques soucoupes et ramequins anciens ou pourquoi pas dans une dînette, même ébréchés. Le génie du vrai esthète n'est pas de dépenser des fortunes pour atteindre la beauté mais de créer celle-ci à l'aide de presque rien. Le logis le plus petit peut avoir un charme fous s'il est décoré avec minutie et goût et ce, jusque dans les détails les plus apparemment insignifiants : un petit tapis persan rapporté de voyage, pour les pieds sous son bureau, à peine plus grand qu'un format A4, des lieux d'aisance parfumés aux essences florales, (attention à celles que l'on trouve en grandes surfaces : elles sont extrêmement nocives pour la santé), une lampe-veilleuse confectionnée à l'aide d'une coquille d'oursin le long d'une plinthe propageant une douce lumière orangée, la nuit…

La beauté des lieux de culte

> « La beauté est la promesse du bonheur. »
> STENDHAL

C'est au contact de belles choses, que l'homme peut devenir un intime du raffinement, de l'intelligence et de la bonté. Au XIe siècle, le philosophe Avicenne écrivait qu'admirer une mosaïque pour sa pureté, son ordre et sa symétrie, c'était en même temps reconnaître une gloire divine, car Dieu, disait-il, est la source de tout ce qui est beau. Les premiers théologiens, eux, affirmaient qu'il vaut mieux être fervent de Dieu en regardant qu'en lisant : nous sommes avant tout des créatures des sens, expliquaient-ils, et les principes spirituels ont plus de chances de nous parvenir *via* nos sens que *via* notre intellect. La beauté et la régularité du toit fait de tuiles d'une abbaye, par exemple, a le pouvoir de révéler l'humilité des artisans qui l'ont construit, bien mieux que ne le font les livres de messe. Les vitraux d'une église nous transmettent au-delà de tout langage et avec beaucoup plus de vérité ce qu'est la nature de la bonté, que tout ce que l'on peut lire dans les livres saints. Passer du temps dans de beaux espaces, loin d'être une forme d'indulgence envers soi, aide certainement à poursuivre cette quête que chacun recherche : devenir meilleur.

La beauté a un effet formidablement libérateur

> « Si l'honnête homme promène son attention sur les choses, si infimes soient-elles, celles-ci seront encore assez considérables pour lui procurer de la joie… »
> CLAUDE ROY

Lorsque nous entrons en contact avec quelque chose de beau, tous les problèmes qui nous encombraient l'esprit semblent se mettre à fondre, comme par magie. Nous sommes alors pris par une sorte d'extase. Celle-ci, pourtant, n'est ni plus ni moins que la perte de l'ego : nous n'existons plus. Que ce soit la notion de temps, celle de l'espace et celle du lieu où nous nous trouvons, tout a disparu. La musique, elle aussi, a un formidable pouvoir pour nous transporter hors du temps et de l'espace et nous ramener au plus profond de nous : elle nous parle de sentiments impossibles à exprimer par les mots. Il en est ainsi pour le luxe : il nous conduit au rêve et à l'évasion.

Nous avons tous besoin de beauté

> « L'art nous apprend à voir dans la nature ce que nous ne voyons pas dans la réalité.

> Curieusement, c'est dans la théorie poétique, et encore plus dans la théorie picturale, toutes deux nourries d'expériences pratiques, que la pensée chinoise a engendré le plus grand nombre de notions dont certaines sont de véritables concepts. La finalité de la beauté artistique est plus que "plaisir esthétique". Elle est de donner à vivre. »
> FRANÇOIS CHENG

Sans être né avec l'âme d'un esthète ou même d'un artiste, chacun a besoin de beau, qu'il s'agisse d'un paysage au bord de l'eau, d'un jardin fleuri ou d'une belle architecture. Il existe partout, si l'on cherche bien, des endroits agréables tout près de chez soi. L'un de mes grands plaisirs, lorsque je suis à Londres, est d'aller prendre mon petit déjeuner, tôt, le matin, à Marylebone. J'adore sortir humer l'air frais du matin de ce beau quartier, admirer la blancheur des façades et des trottoirs contrastant avec le noir, le bleu pétrole ou le rouge des portes laquées. Je ne me lasse pas de l'élégance des façades des immenses immeubles construits en demi-lune autour des parcs. Rien ne me réjouit autant que de croiser, de temps en temps, un habitant du quartier vêtu excentriquement et promenant son chien. Que fait cette personne dans la vie ? Quel genre d'endroit habite-t-elle ? Passer mon temps ainsi, rêver, imaginer la vie des autres est un plaisir absolu même si tout je que je fais n'est que flâner, observer, rêver.

La beauté s'éduque à travers les arts

> « L'éducation de nos sens et de nos émotions
> est plus importante que celle de nos idées. »
> LIN YUTANG, *L'IMPORTANCE DE VIVRE*

Ce sont des romans tels que *L'Eloge de l'ombre* (Tanizaki Juichiro) qui nous aident à découvrir des formes d'esthétique jusqu'alors méconnues de nous, Occidentaux, telles que la beauté des intérieurs sombres, des ombres d'un jardin. Des films comme *La Source thermale d'Akitsu* du metteur en scène Yoshida Yoshishige, tourné avec pour actrice son épouse l'actrice Okada Mariko donnent envie d'aller, seuls, faire une retraite dans une auberge enneigée ou près d'une déserte de la Mer Intérieure. Ces chefs-d'œuvre nous donnent tout simplement soif de beauté.

11

S'OFFRIR UN PETIT MOMENT DE LUXE CHAQUE JOUR

Les petits luxes du quotidien, un besoin humain

> « Le quotidien, sous son apparente banalité, recèle mille surprises palpitantes et insoupçonnées. Le grand art est de faire surgir l'extraordinaire de l'ordinaire, de trouver des bonheurs menus mais multiples et dont la somme pourrait former cette chose indéterminée appelée le bonheur. La recette ? Toujours être à la recherche de la diversité, du renouveau, de fuir la routine et l'ennui. Vivre ainsi pourrait constituer un "art du quotidien" à la fois imaginatif et raffiné. »
> MICHEL DARS, *LES CARNETS SECRETS DE LI YU*

Il est possible, même avec peu de moyens, de réconcilier rêve et action, fantaisie et réalisme. Certains ont l'art de faire des moments machinaux de l'existence des intermèdes délicieux. Les petits luxes du quotidien, ceux que les Japonais appellent les « *pouchi zeitaku* » (traduire « petits luxes ») sont nécessaires à chaque être humain : nous avons tous, c'est un fait, besoin de nous faire du bien de temps en temps. Certains « puchi zeitaku » sont caractéristiques de la culture japonaise et rares en Occident : cela consiste à aller, par exemple, passer une nuit dans un des hôtels de sa ville, à l'occasion du Nouvel An, avec toute sa famille, ou faire un aller-retour dans la journée, par le Shinkansen jusqu'à une source thermale située à quatre heures de train. De telles sorties seraient considérées comme une folie ou du gaspillage en Europe. En revanche, chez nous, nombre de personnes possèdent une résidence secondaire, ce qui est assez rare au Japon. La notion de luxe est donc différente selon les individus et les cultures mais elle représente bel et bien une nécessité pour chaque individu, quel qu'il soit.

Petits luxes et émotions : que serions-nous sans eux ?

> « La culture n'est pas affaire d'accumulation de connaissances mais d'émotions. Les hauts dignitaires nazis, on le sait, disposaient pour beaucoup d'une vaste culture et ont atteint dans le même temps des sommets dans l'art de détruire toute culture. »
> MICHEL ONFRAY, *COSMOS*

Le luxe, plus qu'un besoin de paraître ou de rehausser son ego, est bien probablement quelque chose qui satisfait les sens et procure des émotions agréables. Or, sans jamais connaître d'émotions bienfaisantes que deviendrions-nous ? La vie serait insupportable. Tout comme l'intellect a besoin de stimulation, le corps et ses sens ont besoin de sentir, de percevoir, d'avoir du plaisir. Le plaisir est donc un plaisir vital s'il ne mène pas à la dépendance. Il aide à supporter le quotidien, à échapper à la grisaille, à la monotonie. Prendre du plaisir n'est plus considéré, de nos jours, comme un tabou, comme un luxe. Un bon bain moussant à la lumière d'une bougie avec une petite flûte de champagne bien frais et un corps reposé, détendu, se sent alors bien partout. Il est l'allié indispensable de l'esprit qui, lui, doit affronter les difficultés du quotidien avec énergie et courage.

Le luxe de prendre son temps le matin

Nescafé, télévision allumée et bousculade ? Non, ce qu'il faut, pour bien commencer sa journée, c'est un bon café fraîchement moulu, le journal, la radio ou un peu de musique. Prendre son temps, le matin, n'est pas une perte de ce temps. C'est s'offrir non seulement un premier petit plaisir-rituel matinal mais améliorer la qualité de toute sa journée. Or qu'est-ce qu'une journée, plus une autre journée, plus une autre journée ?
Notre vie !

Le luxe de s'autoriser de petits gaspillages

Le papier essui-tout : j'en use et en abuse. Un rouleau par semaine environ. C'est avec lui que je nettoie, chaque matin, le devant de mon évier de cuisine, que je fais briller mes robinets, essuie parfois un verre ou une tasse que je veux ranger rapidement. Et dieu que c'est bon de ne pas culpabiliser parce qu'on fait primer la facilité sur le devoir, de temps en temps ! Les écologistes me reprocheront probablement avec véhémence que de telles pratiques sont du gaspillage et un non-respect de la planète. Mais l'emploi de produits de ménage, de lessives, l'eau nécessaire à laver les torchons, l'électricité pour faire tourner la machine ne le sont-elles pas autant ? Sans parler de la corvée d'avoir à utiliser sa machine à laver le linge, sortir les torchons et lingettes, les étendre, les ranger et de toujours les voir, malgré cela, tachés et grisâtres. Conduire une grosse voiture ou vivre dans une maison plus grande que ce dont on a besoin est un luxe autrement plus lourd de conséquences sur l'avenir de la planète. Mieux valent encore ces petits luxes bien peu offensifs et si appréciables pour ceux et celles à qui incombent les tâches domestiques !

S'autoriser à jeter, donner, revendre sans culpabiliser

> « Comme dans les tableaux de paysages –
> où les vides, les nuées, les vapeurs figurent
> par une sorte de présence-absence la
> circulation des énergies – c'est le vide qui,
> circulant entre les objets, les anime.
> Et c'est uniquement grâce à cette notable
> quantité de rien, systématiquement et
> savamment préservée, que tout le reste,
> que l'ensemble pourra acquérir
> une véritable harmonie. »
> MICHEL DARS, *CARNETS SECRETS DE LI YU*

L'un de mes plus grands petits luxes est de n'avoir aucun état d'âme à me débarrasser de quelque chose qui ne me convient pas ou plus. Pour vivre simplement et luxueusement, il est essentiel de savoir jeter sans la culpabilité de gaspiller. Gaspiller, en effet, c'est dépenser son énergie pour conserver, préserver, entretenir chez soi, sous prétexte d'être économe, des objets dont on ne se sert pas, des choses qui ne nous plaisent pas et nous vole de petites doses, au jour le jour, d'énergie positive. On acquiert souvent des choses qui ne nous conviennent pas par manque de connaissance, d'expérience, de moyens financiers au moment de l'achat, de l'influence de son entourage ou de la publicité, d'un moment de fatigue, de manque de concentration ou d'informations. Je n'ai jamais hésité à remplacer un objet, qu'il s'agisse d'ustensiles de cuisine, de vaisselle ou sacs, si je peux le remplacer par un autre plus léger, compact, ergonomique ou beau. Maintenant, grâce à des années de tâtonnements et d'erreurs, je ne ressens plus que rarement le besoin de remplacer ce que je possède. Mais que de temps, d'énergie et… d'argent il m'a fallu ! Je ne regrette pourtant rien et vis à présent en paix avec le peu que je possède mais qui représente selon mes propres critères le meilleur. Je ne désire plus rien, si ce n'est continuer avec ce si peu qui me comble entièrement. Un luxe que, si j'avais eu des remords à jeter, donner, revendre, je ne pourrais savourer autant maintenant et pour le reste de mes jours.

Le rituel d'un petit déjeuner à l'extérieur

> « S'aimer soi-même, c'est le début d'une grande histoire d'amour qui va durer toute la vie. »
> OSCAR WILDE

La mère d'une de mes amies sort prendre son « Morning » (petit déjeuner), chaque matin. C'est, dit-elle, un luxe de ne pas avoir à toaster elle-même son pain ou faire cuire son œuf (il faut être une maîtresse de maison pour comprendre cela et peu de femmes me contrediront, j'en suis sûre) après l'avoir fait toute sa vie pour les siens. Devenue une habituée du petit café où elle se rend chaque matin, elle s'y est fait des amis et le brin de causette qu'elle échange avec eux lui apporte sa petite dose de plaisir pour la journée. Sortir plus tard pour se changer les idées ne lui est plus nécessaire.

L'heure de l'apéritif chez Sam et Ethel

Deux de mes amis Californiens vivant près de Monterey, au sud de San Francisco, ont pour coutume, chaque soir avant de se mettre à table pour le dîner, de mettre de côté un peu de ce qu'ils ont préparé : une tranche de rôti de bœuf, quelques tranches de pain, un morceau de fromage, deux feuilles de laitue… Ces petits restes anticipés de nourriture leur serviront, le lendemain, à préparer leur plateau-apéritif, un rituel incontournable pour ce couple de retraités bon vivants. Vers 18 heures, Sam allume le feu de bois (les nuits sont fraîches, même l'été, dans cette région) tandis qu'Ethel s'occupe de tartiner les petits canapés et remplir deux verres de vodka ou d'un bon vin frais. Les préparatifs du dîner, au lieu d'être une corvée, se déroulent alors dans une ambiance festive. En plus du plaisir que ce rituel leur apporte, ils disent ainsi moins manger ensuite. Quoi de meilleur pour la santé ? Mais attention : si de tels usages font partie des petits luxes de la vie, ils peuvent vite tourner au drame si l'on en abuse. Trouver le juste équilibre entre ces petits luxes et une vie trop austère s'apprend : c'est ce qu'on appelle le juste milieu de la modération.

Le domaine des sens, et de l'odorat en particulier, est infini

> « L'odorat a ceci de merveilleux qu'il n'implique aucune possession. On peut être poignardé de plaisir, dans la rue, par un parfum porté par une personne non identifiée. »
> AMÉLIE NOTHOMB, *APOSTILLE*

C'est grâce au feuilleton télévisé japonais interprétant la vie de Massan, fondateur d'une des plus grandes distilleries de whisky japonais, que j'ai fait une des découvertes les plus surprenantes récemment : nos narines ne hument pas de façon identique. Inhaler le parfum de la queue d'une tomate de jardin, les feuilles de papier d'un livre neuf… les plaisirs de l'odorat sont infinis et changent la qualité de chacun des instants de notre quotidien. Et avec eux changent nos émotions. Compagnies aériennes, grands hôtels, magasins de luxe... afin de fidéliser leurs clients, certaines entreprises répandent toujours le même parfum dans leurs intérieurs afin que, dès que nous y retournons, nous nous sentions un peu comme chez nous. Le parfum a une grande part, d'ailleurs dans l'intérieur du luxe. Mais les parfums naturels, eux aussi, à condition d'être à leur juste valeur dignes d'attention, sont un luxe gratuit que nous offre la nature. Mille parfums merveilleux sont présents dans notre univers. Mais si nous cessons de les apprécier, de les rechercher et si nous ne faisons pas l'effort de refuser ce qui est artificiel et industriel, notre odorat va aller en s'amenuisant jusqu'à complètement disparaître. Givenchy, lors d'une interview, expliquait qu'il était capable de reconnaître au nez, aux débuts de carrière, quelles étaient les meilleures soies, (la soie, à l'état sauvage, a un parfum très particulier). Ne nous privons pas de fleurs fraîches chez nous. N'oublions pas de consommer des produits frais sentant l'herbe fraîche, les montagnes, la mer, la forêt... si nous ne voulons pas, dans un demi-siècle, avoir complètement perdu la capacité d'apprécier le parfum d'une églantine.

Quelques suggestions pour profiter de petits luxes gratuits ...

- Regarder sur Internet quand auront lieu les prochaines pluies de météores
- Se choisir un nom pour l'hôtel, le restaurant, le pressing... (vous n'êtes pas tenue de dire votre vrai nom et quel plaisir de se faire appeler autrement, parfois !)
- Se réserver un jour entier sans téléphone
- Consacrer cinq minutes au yoga le matin, même si c'est toujours le même enchaînement comme la salutation au soleil (facilement accessible sur Internet)
- Prendre son petit déjeuner avec de la musique douce, une bougie et un bouquet de fleurs blanches et le soir se préparer un lait chaud pour bien dormir
- Coller, dans un cahier d'écolier, les photos de gens qui nous inspirent : nous nous mettons alors, peu à peu, à leur ressembler.
- Toujours avoir sous la main de la poudre pour se nimber le visage, un tube de rouge à lèvres et un petit vaporisateur de laque pour les cheveux : ces produits-repère nous rassurent.
- Se faire des masques avec ce qu'il y a dans le réfrigérateur – une cuillerée de yaourt, ou d'avocat en purée, de banane écrasée ou de miel - (prendre

soin de soi n'est jamais une perte de temps : c'est bon pour le moral).

- Enfiler un kimono en coton après le bain et porter des mules : il faut toujours se sentir aussi féminine que possible. Cela ne coûte pas plus cher que de traîner en vieux vêtements lorsque personne ne vous voit.
- Mettre des sachets parfumés ou des petits morceaux de bon savon dans son linge.
- Savoir attendre la faim pour garder la ligne et se dire qu'il n'existe pas de plus grand luxe, dans l'histoire de l'humanité, que de pouvoir manger à sa faim.

Ces petites « recettes » vous font sourire ? Tant mieux. Car, malgré leur légèreté et leur côté désuet, elles sont intemporelles. Il faut savoir parfois être frivole, léger et superficiel. Nos sens ont autant (sinon plus) d'importance que nos neurones : sans eux, nous ne pourrions pas vivre.

12

L'UTILITÉ DES OCCUPATIONS INUTILES

A quoi sert d'être heureux ?

> « Quand on cesse de rêver, on cesse de vivre. »
> MALCOM FORBES

Posséder le minimum mais avoir des rêves, des projets, ne serait-ce pas là vivre plus richement et plus luxueusement que de passer ses week-ends à surfer sur le Net ? Faire des choses apparemment inutiles, suivre des cours de musique, faire partie d'un club d'aéronautique, lire ou ne rien faire du tout, ne serait-ce pas plutôt cela, le luxe ? Les gens les plus heureux sont ceux qui ont des passe-temps parfaitement inutiles mais follement passionnants. Aurait-on l'idée de leur demander si être heureux est utile ?

Apprendre à prêter attention

> « Durant trois journées et quatre nuits entières la neige était tombée à petits flocons, presque sans interruption, une belle neige qui tenait, et pour finir, il avait gelé à pierre fendre[…] Certains prenaient les choses avec calme et se réjouissaient que la neige fût tombée abondamment avant le gel, protégeant ainsi les champs

où ils venaient de faire les semailles d'automne. [...] (mais) dans tout le village on comptait à peine trois personnes pour qui cette journée merveilleuse n'était pas synonyme de soucis et de contrariétés, mais bien au contraire de réjouissance, de splendeur et de magnificence divine. [...] c'était une journée que les citadins croiraient impossible si un peintre la leur décrivait. Elle était plus triomphale, plus bleue et plus éblouissante que la journée de plein été la plus rayonnante. Le ciel pur couleur d'azur s'étendait à perte de vue, les forêts reposaient endormies sous une épaisse couche de neige, les montagnes étaient d'une blancheur aveuglante comme l'éclair, prenaient une teinte rougeâtre, puis se couvraient d'ombres immenses d'un bleu féerique. Au milieu de ce décor, on apercevait aussi la surface verte glauque du lac, qui n'était pas encore gelé. Quand on s'approchait, il avait la transparence d'un miroir, mais de loin, il était d'un bleu foncé tirant sur le noir. Tout autour de lui s'étendaient des bandes de terre recouvertes d'une neige d'un blanc éclatant où l'on ne distinguait aucune tache sombre, si ce n'est celle des peupliers dénudés, sans feuillage,

> disposés en rangées espacées et frileuses.
> A présent je rentrais, fatigué et joyeux dans
> l'obscurité qui grandissait rapidement.
> Mes jambes étaient raides, je me sentais
> relativement affamé, mais aussi comblé.
> Je venais de vivre une belle journée, pure,
> délicieuse, inoubliable, qui valait cent
> journées à demi-vécues et oubliées. »
> HERMANN HESSE, *SPLENDEURS HIVERNALES*

L'un des plus grands trésors de la vie est probablement de savoir saisir les moments, de considérer comme magiques les intempéries, le rire des enfants, les moments passés avec une personne que l'on aime. Développer de l'intérêt dans la vie telle qu'on la voit, chez les gens, dans les choses, la littérature, la musique, la danse… le monde est riche de trésors, d'âmes nobles, de faits passionnants. Bien vivre, ce n'est pas vivre dans l'abondance matérielle mais développer sa créativité, cultiver sa capacité à porter attention à ce qui nous entoure. Un forsythia éclosant au printemps est un miracle. Tout comme un lézard rapide filant sous une roche grise un matin d'été. Vivre avec attention repose sur la santé mentale et la santé mentale repose sur le fait de prêter attention. Succès, échecs, bonheurs, souffrances… la vérité d'une vie a peu à voir avec sa richesse. La qualité de la vie est toujours proportionnelle à la capacité de prendre du plaisir.

Lire, voyager aide à ralentir son tempo

> « Le livre, dans sa matérialité, possède une incontestable valeur affective. [...] le livre imprimé constitue le socle de notre culture, il reste un refuge. Il est non seulement cet objet capable de nous émouvoir, de nous faire rêver ou réfléchir, mais aussi un formidable antidote à notre époque de zapping permanent, où l'on clique compulsivement, incapables de se concentrer, pris que nous sommes dans les réseaux sociaux ou dans les flux d'info en continu. »
> MAGAZINE *ELLE*, 23 JANVIER 2014

Lire un livre oblige à ralentir son propre tempo. Chose difficile de nos jours alors qu'on obtient des émotions en quelques secondes par la télévision, les films… Mais le monde va trop vite maintenant. Lire avec lenteur permet de faire un retour sur soi. De donner des couleurs à sa vie. La culture nous aide à vivre affiner nos sens, être plus conscients, donc ressentir plus de joie. Un enfant ne peut apprécier sa joie parce qu'il n'a pas l'âge d'en prendre conscience. Pour apprécier quelque chose, il faut pouvoir en prendre conscience. Et c'est en cela que la culture, les voyages aident à vivre mieux et donc à plus vivre plus « luxueusement ». Etudier le zen, s'enfermer dans une salle d'arts et essais ou construire son propre bateau sont des passions sur lesquelles peu à peu se greffent des expériences qui, à leur tour, finissent par nous façonner et nous pousser dans telle ou telle direction de la vie. D'où l'importance qu'il est nécessaire de leur accorder.

C'est grâce à la culture que nous réveillons nos sentiments

> « La lecture n'est pas un plaisir de substitution. Vue de l'extérieur, mon existence était squelettique ; vue de l'intérieur, elle inspirait ce qu'inspirent les appartements dont l'unique mobilier est une bibliothèque somptueusement remplie : la jalousie admirative pour qui ne s'embarrasse pas du superflu et regorge du nécessaire. »
>
> AMÉLIE NOTHOMB, *ANTÉCHRISTA*

J'étais invitée un jour dans une maison de campagne en France. Alors que je m'extasiais sur les mousses, admirant combien elles avaient acquis de l'âge, le propriétaire des lieux s'excusa immédiatement, disant qu'il allait bientôt les nettoyer. Nous pouvons rester insensible devant une pierre recouverte de mousse jusqu'au jour où nous lisons Basho, être émerveillé devant une jonquille après avoir découvert Wordsworth. Plus l'éventail de nos goûts s'élargit, plus nous sommes capables d'apprécier, même avec les moyens les plus modestes, tout ce qui nous entoure. Ce sont les livres, les poèmes, les peintures et les arts en général qui souvent nous font prendre conscience de nos véritables sentiments. Oscar Wilde évoqua le phénomène quand il écrivit que le brouillard n'existait pas à Londres jusqu'à ce que Whistler commence à peindre la Tamise. De la même façon, il ne dût y avoir que très peu de beauté dans les vieilles pierres avant que les bonzes et les poètes japonais n'écrivent à leur sujet.

La passion du thé chinois

> « Le chemin du paradis passe par une
> théière. »
> DICTON ANGLAIS

Seuls ceux qui ont goûté ces thés appelés oolong peuvent comprendre la passion qu'ils animent : les rechercher, les apprendre, les boire. Car pour déguster ces thés il faut du temps et une certaine ambiance. Trouver les meilleurs thés, découvrir ceux qui séduisent le plus nos papilles, aller les chercher sur place, comme dans les montagnes de Tongting, à Taiwan ou dans de vieilles échoppes de Hong-Kong, n'est pas un passe-temps très commun. Mais quoi de plus enivrant que de préparer, humer, faire couler dans de fines tasses de porcelaine blanches ces thé bleu-vert aux parfums comme il n'en existe aucun autre puis de les savourer, seul, ou avec un ami lui aussi amateur ? Déguster ces thés est pour certains l'une des occupations les plus riches de la vie.

Essayez de voir, vous aussi, et ce, sans jugement ou tendance réductrice, les moments qui vous apportent un véritable bien-être. Ne serait-ce pas déjà là un grand luxe que de s'écarter de l'image qui juge le luxe comme « superflu et inutile » ?

Le luxe de ne rien faire

> « L'après-midi, toujours autour du feu qui est le foyer, le Tzigane reste à ne rien faire – or, ne rien faire, c'est souvent faire plus que ceux qui prétendent faire, car c'est l'occasion de la réflexion, de la méditation, du vide dans l'esprit, du vagabondage cérébral, de l'errance des choses mentales. »
> MICHEL ONFRAY, *COSMOS*

Le plus grand luxe, celui auquel tout être humain adhère naturellement, est le relâchement, la paresse, l'absence de décisions à prendre. Une fois que l'on s'est assuré un minimum de sécurité, quoi de meilleur que de se laisser porter par les évènements, se laisser aller, dans le sens positif du terme ? Ne plus avoir à faire d'effort, c'est se sentir heureux, léger et libre. On réalise alors que sa vie n'a que l'importance que nous leur accordons. C'est ce type d'abandon qui caractérise les personnes dites « illuminées ». Abandonner rafraîchit et régénère. Malgré toutes les peurs et les résistances, la recherche de l'abandon de soi est universelle. S'abandonner consciemment, c'est cesser de calculer, de faire semblant. C'est se délester de tout ce qui empêche d'être soi.

Pour avoir le luxe de ne pas se presser, il faut être organisé

> « La pauvreté, c'est le maximum d'effort
> pour le minimum de résultat. La richesse,
> c'est le minimum d'effort pour le
> maximum de résultat. »
> ABRAHAM LINCOLN

Organisation vient du mot grec *organon* qui signifie « harmonie » : gérer, organiser intelligemment son temps apporterait donc de l'harmonie dans la vie. Avoir du temps est notre principal capital. On ne peut, en effet, ni l'arrêter, ni l'économiser, ni l'acheter, mais seulement mieux le gérer. Mais ce, dans quel but ? Ne pas avoir à se presser, tout simplement. Parvenir à vivre à son propre rythme est le luxe de ceux qui savent véritablement jouir de l'existence. Le mot *stress*, en anglais, signifie étymologiquement être « pressé » (comme le cornichon sous son poids qui va devenir un légume en saumure). Le secret, donc, pour ne pas être pressé, est simple : il faut avoir le contrôle de son temps, anticiper, mesurer, limiter ou, justement, et ce, selon les circonstances, refuser de le compter. Combien d'entre nous jouissent du luxe extrême de vivre sans montre ni portable ?

Vivre de façon délibérée

> « Une sage oisiveté est le sommet de
> la culture. »
> Lin Yutang

C'est la littérature et la philosophie qui nous permettent le mieux de comprendre que le plus haut idéal de l'homme a toujours été, en vérité, d'être détaché de la vie et sagement désenchanté, ce qui lui donne la possibilité d'avancer dans l'existence en échappant aux tentations de la gloire, de la richesse, des exploits et, finalement d'accepter les évènements. De ce détachement découlent aussi le sens de la liberté, l'amour du vagabondage, de l'originalité et de la nonchalance, conditions essentielles pour parvenir à la liberté et à l'oisiveté. Il ne s'agit pas simplement de vivre tout en laissant passer le temps, mais de se demander comment faire pour le passer de la façon la moins stupide et la plus agréable possible. Chacun peut se créer, s'inventer : que ce soit avec une conscience d'artiste, une inspiration de poète, un soin d'esthète, ou, tout simplement, une existence pleine de joies et d'imprévus qu'il suscitera lui-même.

Ne pas se lier aux promesses ni aux horaires

> « Les contraintes m'éloignent de moi-même. »
> EMMANUEL SCHAEFFER

La nécessité de l'exactitude est ce qui rend la vie si dure et éprouvante nerveusement. Un rendez-vous dans trois semaines est une chose inconnue dans certains pays ou le temps n'a pas la même valeur que chez nous (l'Inde, entre autres…). Prendre la décision de ne plus faire de promesses, ne plus dire exactement ce que l'on fait, ce que l'on fera et quand, est un moyen extrêmement simple et libérateur de s'engager : « *Je ne sais pas. Je ne sais jamais à l'avance.* » Vous avez le droit de répondre ainsi et si vos amis en sont de vrais, ils ne s'offusqueront pas mais attendront.

Le hare *et le* ke*, les jours saints et les jours de travail*

Tout comme, en Occident, nous vivions autrefois au rythme d'un calendrier avec jours de fêtes et jours saints, il existait au Japon le *hare*, et le *ke* qui rythmaient la vie (*hare* étant les jours de fête, d'anniversaires, de commémorations et *ke*, le passage entre ces moments d'exception). Le travail était interdit les jours de *hare* et ceux de *ke* se devaient d'être des intervalles en calme et pacifisme, sans les festivités ou l'extravagance pratiquées lors du *hare*. Le rythme naturel de la vie humaine exige l'alternance tranquille du profane et du sacré. Avec le déclin des pratiques religieuses, c'est tout un équilibre dans l'art de vivre qui disparait peu à peu. Savoir se reposer, faire de vrais breaks à intervalles réguliers ne devrait pas être un luxe. Cela le devient, malheureusement, de plus en plus.

Une petite sieste, un luxe qui n'en est pas un

> « Mes siestes durent parfois près de deux heures, sans préjudice aucun pour le long sommeil de la nuit. »
> ANDRÉ GIDE

Quoi de plus naturel que dormir lorsque l'envie nous en prend ? Faire une petite sieste, ne serait-ce que de 10 minutes, a un effet formidable sur le bien-être. On dit d'ailleurs que, pour ne pas être fatigué, le secret est de prendre un peu de repos avant, justement, d'être fatigué.

Passer du temps dans son lit, l'un des plus grands plaisirs de la vie

> « Du point de vue chinois, l'homme sagement oisif est le plus cultivé. Car il semble y avoir une contradiction philosophique entre être occupé et être sage… Son tempérament est insoucieux, oisif, heureux et souvent poétique. Il méprise la réussite, le succès, et aime intensément la vie. »
> LIN YUTANG, *L'IMPORTANCE DE VIVRE*

Passer du temps dans son lit est peut-être l'un des plus grands plaisirs de la vie. C'est l'endroit idéal pour faire une retraite en soi. Il est étonnant que si peu de gens se rendent compte de la valeur de cette occupation. Au lit, écrit Yutang, tous les sens sont aiguisés, les muscles au repos, la circulation plus lente et régulière. Il est alors plus aisé de se concentrer mentalement, d'écouter de la musique avec sérieux. Le vrai goût de l'oisiveté provient d'une richesse intime de l'âme.

Faire de l'oisiveté un culte

> « À chacun son luxe, moi, c'est la paresse. »
> PASCAL GARNIER, *L'ANNÉE SABBATIQUE*

Quoi de meilleur que de rester une journée sans rien faire, à rêver, flâner au bord de l'eau, admirer les nuages, observer l'activité d'un nuage, paresser dans son lit… nombreux sages chinois d'autrefois vouaient à cette « occupation » un véritable culte. S'adonner de toutes ses facultés à ce qui est, pour la plupart, superflu et pratiquer l'oisiveté, c'est, pour celui qui en connaît les vertus, la porte à la liberté de la pensée, à la fantaisie et à la créativité. Et puis, lorsque vous en aurez assez de paresser dans votre lit, voici, offerte par Yutang, une petite liste d'instants qui n'ont pas de prix :

- Regarder et écouter tomber la pluie
- Lire un poème d'hiver pour avoir frais l'été
- Soigner ses rosiers
- Jouer avec un chat
- Humer une glycine à en avoir le tournis
- Partir en bicyclette au hasard de petites routes inconnues
- Préparer du thé avec une méticulosité maniaque et ironique
- Lire distraitement et en désordre plusieurs livres à la fois
- Rêver les détails d'un voyage
- Se coller en plein hiver au poêle et regarder longuement dans le vide
- Faire une partie de go avec un ami
- Aller voir où en sont les prunes sauvages cette année
- Photographier une toile d'araignée, ce chef-d'œuvre
- Classer indolemment sa bibliothèque

13

VOYAGER AVEC UN BUT

Le voyage, symbole du luxe

> « Les rêves, les désirs et les espoirs sont les étoiles de notre vie. »
> MICHEL BOUTHOT, *CHEMINS PARSEMÉS D'IMMORTELLES*

Voyager…, le bonheur passe par l'action, dit-on. Il ne faut pas attendre d'être heureux pour agir, car on ne devient heureux qu'en agissant. Le voyage est un luxe car c'est une activité qui nécessite deux des choses qui manquent bien souvent : le temps et l'argent. Mais si voyager est un des bonheurs les plus grands qui soient, encore faut-il savoir dans quelles conditions et dans quel but voyager. Partir avec un groupe faire le tour de la Méditerranée en croisière discount ne s'appelle pas voyager. C'est faire du tourisme. Il y a ceux qui partent « faire » un pays et ceux qui partent « faire » quelque chose. Voyager pour dire que l'on a voyagé n'a pas beaucoup d'intérêt. Que vous alliez à Hawaï ou à Guam, les plages resteront toujours les mêmes ; les hôtels et leurs palmiers aussi. Le vrai luxe, c'est voyager pour découvrir quelque chose que nous ne pourrions découvrir nulle part ailleurs. C'est voyager pour nourrir une passion. Que ce soit celle de rosiers anciens anglais ou celle des épices indiennes.

Le luxe de cultiver une passion

> « La préparation de mon voyage sur les prisonniers du goulag ne se chiffre pas, c'est ma vie : lire sur le sujet, parfaire sa langue russe et faire en sorte que naisse en vous cette envie de partir. Il y a donc deux choses : l'habillage culturel de ces voyages qui est très long, voire permanent et la préparation immédiate et pratique, qui est insignifiante, dans la mesure où mes voyages se font avec des moyens extrêmement modestes, conformément à mon souci de simplicité extrême. »
> SYLVAIN TESSON, INTERVIEW

Faire le tour des sources thermales du Japon ou celui des îles des mers du Sud, aller visiter, l'une après l'autre, les œuvres de Franck Lloyd Wright à travers le monde, perpétuer une tradition familiale comme le fait mon ami Christopher qui a hérité de son père une folle passion, celle des orchidées (Christopher se rend d'Angleterre jusqu'en Amérique du Sud, pendant ses vacances, pour participer à des conférences, rencontrer d'autres passionnés), voilà ce qui donne non seulement un sens aux voyages mais à la vie. On m'a parlé récemment d'un couple qui se rend aux USA pour visiter les restaurants de Mac Donald. Cela peut prêter à rire mais au moins ces personnes ont un projet original, ce qui n'est pas le cas de tout le monde !

Donner un but à ses voyages

> « Nous agissons toujours comme si
> le confort et le luxe étaient essentiels à
> notre existence, alors qu'il suffit pour être
> réellement heureux de trouver quelque
> chose qui nous intéresse passionnément. »
> CHARLES KINGSLEY

Mieux que les Mac Donald, avoir pour but de découvrir comment les gens, dans le monde, « petit » déjeunent pourrait être un thème très intéressant de voyage : petit déjeuner typiquement britannique dans un cottage de la New Forest ou des Colts, soupe de riz à Hong-Kong au bruit des sirènes du ferry, tranche froide de viande de sanglier à la confiture de cerises en Norvège avant une bonne journée de ski, soupe brûlante dans un marché de village vietnamien, baguette tartinée aux Deux Magots, jus d'orange et bagels au sud de Manhattan, Expresso sur la place Saint-Marc… Aimer vivre, découvrir, est un luxe. Avoir un but dans la vie, une envie de vivre est déjà un luxe. Tant de personnes voudraient ne pas se réveiller le matin et disparaître sous leur couette ! Partir ainsi, dans un but fantaisiste, original, peut paraître farfelu mais ô combien sympathique ! Le luxe, le vrai, n'est pas seulement ce que l'on porte, ce que l'on mange ou la marque de voiture que l'on conduit : c'est une certaine façon de vivre.

Un luxe simple mais exquis : prendre le train

> « Il n'y a pas de train que je n'aimerais prendre, quelle que soit sa destination. »
> EDNA ST VINCENT MILLAY

J'adore prendre le train et tout spécialement le Shinkansen. Quelques heures de luxe intense, de confort absolu, de sensation de fuite loin du quotidien... Des paysages qui défilent sous les yeux et auxquels nous n'avons pas le temps de nous accrocher... Il ne nous reste plus, alors, qu'à entrer dans nos pensées ou tout simplement décider de profiter de ces moments entre deux points spatiaux et temporaux. Une petite fiole de saké, une cigarette (les Green cars sont les derniers et rares trains, dans les pays industrialisés, où l'on peut encore fumer assis, tranquillement) et un obento font de ces quelques heures un pur moment de méditation.

L'art de voyager en bon vivant

> « Le voyage ne vous apprendra rien si vous ne lui laissez pas le droit de vous détruire. C'est une règle vieille comme le monde. Un voyage est comme un naufrage et ceux dont le bateau n'a pas coulé ne sauront jamais rien de la mer. Le reste, c'est du patinage ou du tourisme. »
> NICOLAS BOUVIER

Alors que nous nous rendions, mes parents et moi, visiter une vieille petite église gothique en Auvergne, une voiture nous doubla. « Suis-la !», suppliai-je mon père. C'était non seulement l'un de ces magnifiques petits cabriolés rouges que j'adore mais il appartenait à un couple de Britanniques (que j'adore aussi). La femme portait un foulard sur les cheveux, l'homme une casquette et des lunettes d'aviateur. Ils avaient accroché, sur le porte-bagages extérieur, à l'arrière de leur voiture, une petite valise et une tente de camping. Nous n'eûmes pas longtemps à les suivre : ils allaient, eux aussi, visiter cette église et se garèrent juste à nos côtés. Ils me racontèrent qu'étant maintenant à la retraite, ils venaient chaque année, pendant un mois, découvrir les vins et les fromages d'une région de France. Une classe *so british* !

Billet « business class » ou économique ?

Je feuilletais le journal : les gens très riches, y lisait-on, ne montrent pas leur richesse. Ils voyagent en classe économique parce que n'importe qui peut voyager en business de nos jours, et que ce n'est pas de dix heures en classe affaire qu'on gardera un souvenir transcendant. En revanche, certains n'hésitent pas à offrir de temps en temps à leurs amis une bouteille de vin à mille euros : le goût d'un tel vin, au moins, personne ne l'oublie.

Le luxe des voyages impromptus

> « La légèreté est notre meilleur compagnon pour avancer dans la vie. Pour se déplacer facilement et saisir toutes les opportunités qui se présentent, nous devons apprendre à nous délester de tout bagage inutile. »
> FRANÇOISE RÉVEILLET, *PETITES PENSÉES POUR VOYAGER LÉGER*

Faire son sac et partir du jour au lendemain pour dix jours ou un mois quelque part est possible à une condition : ne pas être dépendant d'un intérieur, d'un animal familier ou d'un conjoint ne sachant rester seul. C'est pourtant une solution miracle pour profiter de la liberté. Lorsque rien n'est prévu, tant de choses arrivent ! Voyager ainsi apprend à vivre l'éphémère et le déplacement comme des valeurs positives.

Et bien sûr, aussi, le luxe c'est aussi de voyager léger

Attendre sereinement dans un aéroport, un livre à la main, un menu bagage à ses côtés quel luxe ! Ni précipitation ni sueur, voilà comment le voyageur expérimenté voyage. Mon jeune ami Tomo est venu en France pour un an avec seulement un sac à dos. Il s'arrange pour ne pas avoir plusieurs petites pochettes dans son sac, me dit-il, afin de ne pas s'alourdir. Il aime ne rien, ou presque rien avoir. Mon astuce, à moi, pour ranger les petites choses, ce sont les sacs de congélation : étant transparents, on y trouve immédiatement ce que l'on recherche et ils ne pèsent que quelques grammes. Ce n'est, de toute façon, pas très difficile de voyager léger, il suffit de respecter cette règle : ne jamais prendre d'objets « au cas où ». On trouve pratiquement tout sur place de nos jours.

Faire de chacun de ses jours un jour de vacances

> « Moins il y a de routine, plus il y a de vie. »
> AMOS BRONSON ALCOTT, PHILOSOPHE AMÉRICAIN

Vous montez dans l'avion, la porte se referme, décollage. Ah, trop bon pour être vrai : deux semaines sans le moindre souci. Grande respiration. Détente. Bonheur complet. Mais pourquoi donc, le reste du temps, fait-on des mille petits riens du quotidien un drame ? En vacances, on est loin de tout : travail, famille, réunions, salles de sport, temps passé avec les amis, corvées domestiques, activités extracurriculaires, mails toujours « urgents », courses, appels téléphoniques, formulaires à remplir… Ah, que la vie est compliquée ! Une plage déserte sur une petite île devient alors le paradis. Les problèmes du quotidien semblent, en un instant, si lointains, si peu sérieux… La seule chose qui importe alors, et ce, pendant tous les jours qui vont suivre, est de se sentir (ou de tout faire pour le pouvoir) au top de sa forme : dormir, marcher, manger sain… Tout, aussi, devient amusant, même aller faire les courses, partir à la recherche d'un petit restaurant, ou, tout simplement marcher. Pourquoi ne vivons-nous pas ainsi tous les jours de l'année au lieu d'attendre les vacances ?

La vie d'hôtel à domicile

> « Le rêve, c'est le luxe de la pensée. »
> JULES RENARD, *JOURNAL DU 13 MAI 1897*

Qui ne rêverait pas de passer un ou deux mois à l'hôtel ? Une valise de vêtements, une trousse de toilette, un ordinateur pour rester connecté, lire, écouter de la musique, regarder un film… Au fond, que faut-il de plus pour vivre léger et insouciant ? Peu, ou très peu de choses personnelles. Le reste peut se faire exactement comme en vacances. Mais ce qu'il faut surtout, pour vivre ainsi, c'est un certain état d'esprit, la ferme intention d'être libre de contraintes et d'horaires (sauf, bien sûr, pour le travail). Ce n'est pas le travail qui nous épuise mais toutes ces contraintes que nous nous imposons bien souvent inutilement.

Lorsque nous sommes en vacances, nous nous autorisons à être heureux

> « Il y a dix ans, le luxe c'était de posséder un portable ; aujourd'hui, c'est de pouvoir l'éteindre. Il faudrait inventer un droit à la déconnexion. »
> GILLES FINCHELSTEIN, INTERVIEW DANS *CFDT MAGAZINE* N° 374, JUIN 2011

Que signifie s'autoriser à être heureux ? C'est, comme en vacances, éprouver consciemment une sorte de joie constante à vivre. Comme en vacances, c'est éviter la routine, rechercher les moments passés dans la nature, manger différemment en se contentant de mets simples mais délicieux, rechercher des moments pleins de tranquillité (tel est notre penchant naturel) sans se soucier de ce qui est matériel, ne pas trop penser. Car même « penser » est devenu, de nos jours, une sorte de compulsion.

Et si trop penser était une maladie ?

Penser, penser, encore penser…, certains finissent même par culpabiliser lorsqu'ils ne pensent pas. Ils ignorent qu'être capable d'arrêter de penser régulièrement est l'outil le plus utile, le moins coûteux et le plus efficace contre le stress. En vacances, vous avez laissé vos problèmes au garage et vous profitez de vos sensations physiques. Tout comme lorsque vous étiez enfant et que vous découvriez des trésors partout : une belle pierre, une immense toile d'araignée sur laquelle un insecte se débat, une flaque vous invitant à jeter les deux pieds ensemble…

Lorsque nous grandissons, nous nous intéressons à l'argent, au pouvoir, à son statut social

Ces choses-là, pourtant, ne nous satisferont jamais complètement. Ce n'est qu'en se fondant à la beauté de la nature qu'on peut retrouver la capacité de s'émerveiller devant la vie. Seule la nature peut aider notre mental à ralentir sa course folle et redonner de la vie à nos sens. Regarder, observer, sentir, humer…, la nature a le pouvoir magique de calmer l'esprit. Elle ramène à l'instant présent, au contraire d'Internet, de la télévision ou des voitures.

Transformer les moments d'attente en mini vacances

Que faisons-nous, tout le temps, si ce n'est attendre ? Attendre la fin de la journée de travail, un rendez-vous, les vacances, le jour où l'on sera plus riche pour satisfaire un désir…. Nous passons nos vies à attendre. Mais attendre est un cadeau merveilleux si nous savons en profiter. Car attendre permet d'être complètement absorbé dans ce qui arrive au moment présent. Attendre dans une file au supermarché ou dans un bouchon sur l'autoroute sont des occasions à ne jamais manquer, pour se plonger dans « l'instant présent ».

Ces courts moments peuvent être comme des « mini vacances » au beau milieu de l'agitation du quotidien. Le luxe est tellement caractéristique de la vie en vacances !

14

VIVRE EN HARMONIE AVEC LES AUTRES

Et si notre plus grande source de stress, c'était les autres ?

> « — On vous décrit comme un esprit libre qui se laisse porter par la vie…
> — Oui, j'ai des goûts qui dépassent mes moyens financiers. Quand je vois un endroit qui me plaît, il me manque toujours deux millions. Donc je vis comme un vagabond de luxe, à l'hôtel ou chez des amis. Je profite de chaque instant. Je m'abandonne sans attente précise… Mon problème n'est pas la solitude, mais les relations. Je n'arrive pas à réunir la vie de couple et le silence. »
> EXTRAIT D'UNE INTERVIEW SUR LE LUXE AVEC TERENCE STAMP, 74 ANS

L'une des principales causes des problèmes dans notre vie n'est ni le travail, ni l'argent, ni la fatigue mais nos relations avec les autres. A moins de vivre reclus, nous sommes du matin au soir soumis à nos rapports à eux. L'un des grands luxes de la vie ne serait-il pas, donc, de « lisser » ces rapports ? De les rendre aussi harmonieux et sereins que possible ? Nous ne réalisons pas que, la plupart du temps, nos difficultés proviennent autant de nous que des autres, et que ce dont nous souffrons, nous l'avons souvent cherché. Se suffire à soi-même, être capable de contrôler ses propos, donner de soi sans rien attendre en retour… voilà quelques recettes toutes simples et pourtant bien peu appliquées. Des recettes qui nous mèneraient droit à un des grands luxes de l'existence : l'absence de stress.

Savoir être heureux seul

> « Il taille la viande grillée posée sur sa tranche de pain et mange sans parler. Pas besoin de mots, la vie se vit sans qu'on ait besoin de la dire. La dire, c'est souvent ne pas la vivre. La dire abondamment, c'est souvent la vivre petitement. »
> MICHEL ONFRAY, *COSMOS*

J'avais un ami pour qui manger seul dans un bon restaurant afin de se concentrer sur ce qu'il consommait, était l'un de ses plus grands plaisirs. Savoir trouver du plaisir à jouir de sa propre compagnie, comme si nous étions notre meilleur ami et que personne ne nous manque au monde reviendrait donc, de temps à temps, à être un luxe. Jusqu'où vont certains pour ne pas rester seuls ? Ils ne savent, tout simplement, pas profiter de la vie sans compter sur la compagnie des autres. Ils ne sont pas, dans ce sens, riches : ce sont des mendiants.

La liberté repose sur sa propre responsabilité

> « Le luxe, c'est [...] être capable de prendre le contrôle de sa propre vie, de sa santé, et de la poursuite du bonheur d'une façon qui est joyeuse. »
> ANDRÉ LEAN TALLEY

Un jour, une amie me fit une confidence : elle me décrit le pensionnat de son enfance. Chacune n'avait droit, m'explique-t-elle, qu'à trois sets de vêtements et sous-vêtements (jupes, chemisiers, pulls, sous-vêtements) et lavait son petit-linge le soir, à la main, qu'elle accrochait à une corde commune, dans la chambrée de cinq. Les chaussettes devaient être accrochées avec le plus grand soin, de façon à former un joli tableau, comme de petits drapeaux flottant dans le vent. Une équipe tournante inspectait l'ordre des chambres. Le matin, une seule petite serviette de toilette était autorisée par personne. Elle était encore gelée de la nuit mais il fallait l'utiliser pour s'essuyer vigoureusement le corps afin d'en activer la circulation sanguine. Des équipes formées d'élèves devaient, à tour de rôle, préparer la nourriture des 400 pensionnaires de l'établissement. L'enseignement était porté surtout sur des problèmes pratiques à régler (comment réparer une bicyclette...) et peu académique. Il insistait surtout sur l'art de se débrouiller seul et d'être responsable de soi. Mais les élèves qui en ressortaient avaient acquis une grande liberté et un enseignement précieux pour la vie. Mon amie, ainsi que ses anciennes camarades, sont aujourd'hui à la tête de grandes sociétés.

Le luxe de savoir refuser

> « Mon plus grand luxe est de n'avoir à me justifier auprès de personne. »
> KARL LAGERFELD, *LE MONDE SELON KARL*

Et si l'un des plus grands luxes, dans nos rapports avec les autres, était celui de dire non ? Non à l'urgence, non à la concession « systématique », non aux « règles et codes sociaux », non à certaines contraintes… ? Un minuscule « oui » peut engendrer tant de stress, de problèmes parfois… Fabriquez-vous une petite liste de phrases-clé pour refuser avec élégance si vous ne pouvez, de nature, le faire :

- « Je vais y réfléchir »
- « Merci, quoi qu'il en soit, de me l'avoir demandé »
- « Je vous donnerai une réponse aussi vite que possible »

Inscrivez ces petites phrases toutes faites sur un post-it près de votre téléphone s'il le faut mais apprenez à dire non. Ces phrases vous aideront à ne pas donner une réponse immédiatement, à vous donner du temps pour accepter ou refuser quelque chose. Souvenez-vous : vous avez le droit de dire NON, tout comme les autres ont le droit de demander. Et puis, il est tellement bon, parfois, de se prouver à soi-même, concrètement, qu'on se respecte ! En voulez-vous à ceux qui vous disent non, parfois ? Ne pensez pas à eux lorsque vous dites non. Pensez à vous. Une fois que vous aurez fixé vos limites, les choses changeront. Ce n'est pas *vous* qui aurez à changer, mais les autres. Ce sont eux qui changeront à votre égard. Ils sentiront qu'ils ne peuvent plus tout se permettre avec vous, disposer de votre temps comme cela les arrange. Ils n'abuseront plus de votre trop grande gentillesse.

Trouver la bonne distance entre soi et les autres

> « Donner, donner… on donne sans compter pour aider les autres. Mais il faut savoir aussi se ressourcer. Sinon on devient comme une coquille vide. On a besoin de recevoir pour donner. »
> VICKI MACKENZIE, *UN ERMITAGE DANS LA NEIGE*

Il est important, pour vivre bien avec les autres mais aussi avec soi, de trouver la bonne distance. Pour cela, la meilleure façon est de ne pas trop parler de soi, de ne pas dire tout ce que l'on pense, d'avoir de la retenue dans ses propos. Les relations deviennent alors, avec autrui, beaucoup plus simples, légères et agréables.

Le luxe de ne fréquenter que de vrais amis

> « Un oui, un non, une ligne droite. »
> MAXIME DE VIE DE NIETZSCHE

Un proverbe dit que l'argent ne va jamais acheter un ami. Quoi de plus juste ? Avez-vous remarqué que les gens, en général, adorent parler ? Les laisser faire, ne pas les contredire, les écouter est l'attitude normale avec de vrais amis. Mais si les personnes que vous fréquentez ne vous écoutent jamais, dites-vous que ce ne sont pas des amis, c'est-à-dire des personnes avec lesquelles vous pouvez converser. Les vrais amis sont des personnes que l'on écoute et qui savent, à leur tour, nous écouter et nous apporter un *feedback*. Oui, c'est cela aussi, le luxe : ne s'entourer que de personnes nous correspondant et avec lesquelles nous n'avons peut-être pas forcément les mêmes idées ou le même sens des valeurs, mais qui nous apportent quelque chose émotionnellement, intellectuellement, et psychologiquement. Ce sont ces personnes dont nous n'avons rien à attendre professionnellement mais qui nous font du bien. Tant de personnes « cultivent » des amitiés uniquement dans le but d'avoir des contacts professionnels, une oreille dans laquelle déverser ses problèmes ou quelqu'un avec qui échapper à l'ennui… ! Savoir se suffire à soi-même (être riche de soi) et n'avoir des amis que pour enrichir humainement sa vie, c'est cela aussi, le luxe.

Ne plus être en compétition avec quiconque

> « Puisque vous ne ressemblez à aucun
> autre être créé depuis le commencement
> des temps, vous êtes incomparable. »
> BRENDA UELAND, *JULIA CAMERON, THE ARTIST'S WAY*

Entrer en compétition avec les autres est une manière sûre de s'empêcher de se sentir bien. Tant que vous vous comparez aux autres, vous pratiquerez une sorte de compétition que vous ne gagnerez jamais. Les personnes non compétitives n'ont pas besoin de faire en sorte de se sentir les plus fortes, les plus grandes, les plus intelligentes, les plus belles, les plus riches ou les plus amusantes. Elles laissent cela aux autres parce qu'elles savent qu'il s'agit là d'un stress dont elles savent qu'elles peuvent se passer. De toute façon qui gagnerait de toutes compétitions ?

Donner de soi, gratuitement

Se relier aux autres pour offrir de soi, de sa disponibilité, de ses compétences, de sa tendresse, est vital pour chacun de nous. Le monde se transforme grâce au don, à la gratuité ; il s'épuise dans l'opportunisme et le marchandage. S'occuper des autres rend heureux. Cela donne un sens à la vie, nous lie au destin de notre univers et de l'humanité. Adopter un animal à la SPA, ramasser des papiers sur une plage, porter les paquets d'une personne âgée sont autant de façons pour se sentir responsable du monde dans lequel nous vivons. Et d'être plus heureux. Mais ce luxe-là, personne ne peut ne nous l'offrir, sinon nous-mêmes.

CONCLUSION

Tant que nous avons des choix, nous vivons une forme de luxe.
Peut-être que le luxe extrême est tout simplement se dire... qu'on est heureux. Nous pouvons vivre dans un « luxe permanent » mais pour cela il faut arriver à développer un certain état d'esprit, une attitude « d'hédoniste » face à la vie. Profiter des jouissances mais rechercher la frugalité, apprécier la solitude mais avoir des amis vrais, vivre comme un esthète mais ne pas s'attacher aux choses, être à la fois profond et léger, superficiel et réfléchi, sage et excentrique, insouciant et responsable. Le luxe, c'est parvenir à une sérénité faisant accepter toutes les situations, à une sagesse amenant au détachement des biens matériels. C'est vivre dans la délicatesse, se respecter soi-même et respecter l'autre. C'est ne plus trop se préoccuper de l'argent et savoir voyager aussi bien dans les conditions les plus modestes qu'en classe affaire. C'est, ultimement, ne plus être attaché à rien ni même à la simplicité mais se sentir à l'aise aussi bien chez soi que partout ailleurs, qu'il s'agisse d'une vieille échoppe de thé ou d'un hôtel cinq étoiles. C'est atteindre un stade où ces choses-là n'ont plus d'importance. C'est profiter pleinement de chaque instant tout en acceptant le fait que tout a une fin. La seule façon pour accepter cela, est de vivre de façon lucide et détachée. Libre de tout. Y compris de soi.

Du même auteur
dans la même collection

L'art de l'essentiel
Vivre heureux dans un petit espace

Mise en page Pixellence/Meta-systems
59100 Roubaix

N° d'édition : L.01EPMN000888.A004
Dépôt légal : octobre 2016